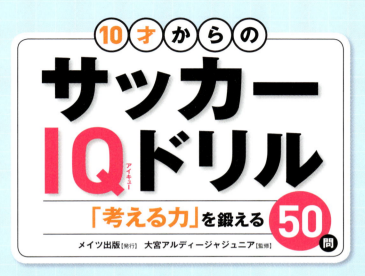

ゴールデンエイジでサッカーに必要な「考える力」を身につける

　ロシアW杯の日本代表チームは、開幕前の予想を大きく上まわり予選リーグを2位で通過した。決勝トーナメントでは、優勝候補の一角であるベルギーに対し、一時は2点のリードを奪うものの、後半終了間際に失点し、ベスト8進出の夢は絶たれたのだった。では一体、何が足りなかったのだろうか。

　勝敗を分けたベルギーのカウンター攻撃は、日本のコーナーキックをゴールキーパーがキャッチしたところからスタートしている。ゴールキーパーはすばやく中央の選手にフィードし、受けた選手は高速のドリブルを仕掛け、フリーの選手にパス。両サイドからかけあがってアシストとゴールに関わった2選手、その2人を生かすために、あえてラストパスのスルーを選択したフォワード選手など、すべてのプレーとイマジネーションがかみ合ってもたらしたプレーといえる。

　ゴールネットを揺らすまでの時間はたったの「9秒」。この短い時間なかで選手たちは、笛が鳴る寸前の攻撃のリスクを理解しつつも、ゴールをイメージして

最高のプレーをピッチで表現した。これは技術の高さはもちろん、個々の選手に「考える力」とチームとしての「共通の理解(考える基準)」があったからではないだろうか。

とかく小学4年から6年生の年代は、ゴールデンエイジといわれ、サッカー技術の習得に最も適した時期とされている。大人が身につけることが難しい高難易度のテクニックでも、いとも簡単に自分のものにしてしまうほど集中力が高い。

子どもの運動学習能力が向上しているこの時期こそ、サッカーに必要なあらゆるスキルを身につけることが大切だ。必要とされるボールテクニックだけでなく、状況に応じた判断力や発想力、考える力を身につけることで、サッカー選手として成長することができる。

本書は、サッカー先進国ともいえるヨーロッパスタイルのフットボールをジュニア世代から育成の柱とする大宮アルディージャジュニアに監修を依頼。サッカーに取り組む、子どもたちのスキルアップのきっかけをつくることを目的としている。

この本の使い方

　この本は、ジュニア世代のサッカー選手が考えながらプレーし、スキルアップするためのポイントを紹介しています。ゲーム中のシチュエーションを例にとり、「ボール保持者はどこにパスを出せばいいか」「パスの受け手はどこにポジショニングすればいいのか」「ディフェンスはどのコースを切ればいいのか」など、あらゆる角度からサッカーのプレーを分析し、考える力を身につけます。

　最初から読み進めれば、サッカーに関する大きなビジョンから理解することができ、オフェンスやディフェンスのプレーごと、ポジションやピッチエリアごとに例題をピックアップすることも可能です。原則として1ページ目に問題を提示し、次のページで解答例を示しています。テーマによっては、プレーする上での注意点や大宮アルディージャのジュニアが取り入れている練習方法も解説しているので、しっかり身につけてサッカー選手としてレベルアップしましょう。

IQ…タイトル
ジュニア世代のサッカー選手に考えてもらいたいテーマを表示。図をヒントにどんなプレーをすれば良いか考える。

IQ 01　ポゼッション
チームで簡単にボールを失わないためには

オフェンス

攻撃

問題ページ
フィールド状況をヒントに考えてみよう！

ボールの動き
人の動き
人の動き

ヒント　ボールを持たない選手がそれぞれ動いて役割を

　試合でイニシアチブを握るためには、ボールポゼッションを高めつつ、相手ゴールに迫るオフェンスが重要になる。ディフェンスラインからのビルドアップを例にして、チーム全体の攻撃のオーガナイズ(組織)をイメージしよう。

　そのためにはボールを持っていない選手全員が、どのように考え、動くか理解することが大事。それぞれ〔役割〕を担うことで、相手はディフェンスが絞りにくくなり、有利にオフェンスが構築できる。センターバックにボールが入ったとき、ボールを持っていない選手はどんな動きをすれば良いだろう

オフェンス・ディフェンスのマーク
マークによってオフェンスのプレーなのか、ディフェンスのプレーなのか分類されている。

チャレンジ

例題に対しての解答例を提示。大宮アルディージャジュニアが推奨する解答は、オレンジ色で表示している。

チャレンジ①

ボールを持っていない選手全員が攻撃のオーガナイズをつくる

マイボールになったらボールに対して、ビハインド・ワイド・深い位置・ミドルへポジションをとる。それらのポジションをとることで、いずれかのパスコースはフリーになってくるので、相手ディフェンスは的を絞りにくくなり、ボールを奪うことが困難になる。ボールを持っている選手に……相手の位置と狙い、……ースなどがパスを……る。その要素か……断し、パスをつ……

※各ポジ……
はP127を……

ニアは、4-1-4-1

ボールの動き ━━（黄）
人の動き ━━（赤）
人の動き ━━（青）

ボールの動きや人の動きは色別に表示。予測される動きやフォーカスするポイントは点線で表している。

チャレンジ②

解答ページ
答えは１つではない
プレーでチャレンジしてみよう！

精度の高いパスが通せれば裏を抜け出せる

ロングキックによるパスは、マークするディフェンスとの位置関係がポイント。相手を上回るスピードがあるなら、スペースへのパスも有効だが、相手ディフェンスの壁やサイドラインがあるため、高度なキックが必要だ。

ドリブルでタメをつくる

センターバックから中央のエリアのMFにパスが入ることで、相手選手が寄せてくる。無理なドリブルはカットの危険性があるが、ドリブルでタメをつくることも有効なプレー。まわりの動き出しにタイミング良くパスを出せるかがカギ。

解説

11人制や8人制のゲーム中の１シーンを例にとり、選手はこのとき何を考え、どう動けば良いかイメージして次のページに進む。

プラスワンテクニック

基本的な考えに加え、実戦に役立つテクニックをアドバイス。プレーの注意点やプラスアルファの情報を知ってプレーの幅を広げよう。

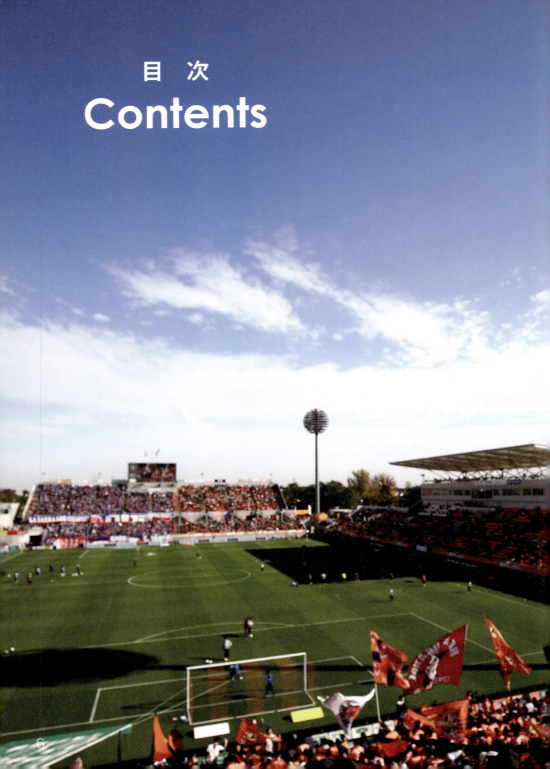

目　次
Contents

ゴールデンエイジでサッカーに必要な「考える力」を身につける……………………2

この本の使い方………………………………………………………………………4

PART1　考えるサッカーの基準をつくる

IQ01　チームで簡単にボールを失わないためには……………………………11

IQ02　相手の状態を観てパスのつけどころを判断する………………………13

IQ03　どこが空いているのかグラウンドをふかんして観る…………………15

IQ04　正しいポジショニングでボールを受けるには…………………………17

IQ05　大山啓輔選手インタビュー

自分がどういう選手か理解しチームのなかでの役割を考える……………………19

IQ06　大山選手はどんなプレーをする？………………………………………24

PART2　ディフェンスラインからのビルドアップ

IQ07　ＣＢからどうやって高い位置にボールを運ぶ…………………………29

IQ08　どこにパスすれば時間とスペースを有効に使えるのか………………31

IQ09　ゴールキーパーのキックは大きく蹴ってクリアすべき?………………33

IQ10　攻撃にギアが入るＭＦからのパスは………………………………………35

IQ11　ＳＢがオーバーラップする最適なタイミングは?………………………37

IQ12　インサイドキックをスイングして蹴る…………………………………39

IQ+α　スイングするインサイドキックをマスターする………………………40

PART3　パスワークでイニシアチブを握る

IQ13　サイドハーフからみた効果的なパスコースは?…………………………43

IQ14　フォワードへのパスの選択肢は?…………………………………………45

IQ15　フォワードが裏に出るときの走るコースの軌道は?……………………47

IQ16　サイドハーフはどこでパスを受け、何を狙う?…………………………49

IQ17　マイボールのスローインはどこに当てる?………………………………51

IQ18　予備動作を入れてからボールを受ける…………………………………53

IQ+α　曲線を描くようにしてスペースに抜け出す……………………………54

IQ19　相手スローインを投げられたら危険なエリアは?………………………55

IQ20　効果的なタテパスを受けた選手は次にどんなプレーを狙える?………57

IQ21　どこにパスを出せばゴールに直結する?……………………………59

IQ22　効果的なドリブルができるのはどの選手?……………………………61

IQ23　どういった場面でスルーすればスペースが生まれやすいか?…………63

IQ24　正確なパスワークで考える力をかたちにする……………………65

PART4　ポジションや状況ごとの「考える基準」を身につける

IQ25　スペースと状況にあった最終ラインの高さは?…………………………69

IQ26　どちらのコースを切って守る方が効果的?……………………………71

IQ27　チャンスが広がるボールを奪う位置は?……………………………73

IQ28　フォワードを狙ったロングキックを防ぐプレーは?………………………75

IQ29　奪ったボールをどこにつなげば効果的なプレーになる?………………77

IQ30　カウンター攻撃に対してどのように守ればいい?…………………………79

IQ31　相手の2次攻撃に対して注意しなければいけないポイントは?…………81

IQ32　ディレイして攻撃を遅らせるのはだれ?……………………………83

IQ33　センタリングやシュートに対するキーパーの対応は?…………………85

IQ34　クロスやシュートに対してどこにポジショニングする?……………………87

IQ35　どこにフィードすればカウンター攻撃が決まる?………………………89

IQ36　どんなキックをすれば攻撃につながる?……………………………91

IQ37　半身になってマークとスペースを同時にケアする……………………93

IQ＋α　マークとボールの行方を同時にチェックする………………………94

PART5　効果的なセットプレーでサッカーの質を向上させる

IQ38　ゴールに向かう軌道で狙うポイントはどこ?………………………97

IQ39　どこに選手を入れて守備を完成させる?……………………………99

IQ40　ショートコーナーのキックをどこに入れて、誰が動く?………………101

IQ41　壁を何人立ててどこをケアする?……………………………103

IQ42　キーパーの裏をつく効果的なキックは?……………………………105

IQ43　距離があるフリーキックどこに蹴ればいい?……………………107

IQ＋α　システムのなかでトライアングルを理解する…………………109

PART6　テクニックとアイディアでゴールを奪う

IQ44　シュートを決める確率が高い選手はだれ?……………………111

IQ45　エンドラインからどこにパスを出せばいい?……………………113

IQ46　タテパスを受けた選手は次にどんなプレーをする?……………115

IQ47　バイタルエリアからどんなパスを出せばいい?…………………117

IQ48　開いている選手を使う効果的なパスは?………………………119

IQ49　ゴールから遠い位置からのクロスでどう崩す?………………121

IQ50　パスカットした選手はどこにボールを運んで攻める?…………123

監修・撮影協力　紹介……………………………………………………125

用語集……………………………………………………………………126

編著／サッカーIQ制作委員会、ギグ

DTPデザイン／都澤 昇

撮影／上重 泰秀

PART 1

考えるサッカーの
基準をつくる

個々の力が高いレベルにあっても、チームとして「オーガナイズ」されていなければ、行き当たりばったりのプレー・戦術になってしまう。では、どのように選手を組織化し、チームを構築していけば良いのだろうか。

ヒントは「考えるサッカーの基準」にある。チームとして、どのようなサッカーをしていくべきかという方向性はもちろん、個々の選手がプレーする上での優先順位やセオリーを共有し、基本的なテクニックがすべてあってこそチームは機能するのだ。

IQ 01 ポゼッション

チームで簡単にボールを失わないためには

ヒント ボールを持たない選手がそれぞれ動いて役割を担う

　試合でイニシアチブを握るためには、ボールポゼッションを高めつつ、相手ゴールに迫るオフェンスが重要になる。ディフェンスラインからのビルドアップを例にして、チーム全体の攻撃のオーガナイズ(組織)をイメージしよう。

　そのためにはボールを持っていない選手全員が、どのように考え、動けば良いか理解することが大事。それぞれの役割を担うことで、相手はディフェンスの的が絞りにくくなり、有利にオフェンスを構築できる。センターバックにボールが入ったとき、ボールを持っていない選手はどんな動きをすれば良いだろうか。

チャレンジ ①

ボールを持っていない選手全員が攻撃のオーガナイズをつくる

　マイボールになったらボールに対して、ビハインド・ワイド・深い位置・ミドルへポジションをとる。それらのポジションをとることで、いずれかのパスコースはフリーになってくるので、相手ディフェンスは的を絞りにくくなり、ボールを奪うことが困難になる。ボールを持っている選手にとって、相手の位置と狙い、味方の位置、スペースなどがパスをつける判断基準となる。その要素からフリーな選手を判断し、パスをつなぐことが重要。

※各ポジションの表記はP127を参照

※大宮アルディージャジュニアは、4-1-4-1システムのためアンカーをおく

チャレンジ ②

精度の高いパスが通せれば裏を抜け出せる

　ロングキックによるパスは、マークするディフェンスとの位置関係がポイント。相手を上回るスピードがあるなら、スペースへのパスも有効だが、相手ディフェンスの壁やサイドラインがあるため、高度なキックが必要だ。

チャレンジ ③

ドリブルでタメをつくる

　センターバックから中央のエリアのMFにパスが入ることで、相手選手が寄せてくる。無理なドリブルはカットの危険性があるが、ドリブルでタメをつくることも有効なプレー。まわりの動き出しにタイミング良くパスを出せるかがカギ。

IQ 02 パス
相手の状態を観てパスのつけどころを判断する

ヒント 味方と相手の状況からパスコースを探す

　ボールを持っていない選手が動き出すことで、自然にパスコースは生まれてくる。ボールを持っている選手は、味方選手の体勢やディフェンスの状況をみて、複数の選択肢のなかから条件の良いところにパスを出すことがポイント。

　ゴールに近い選手に、いかに早くボールを入れられるかが優先される。

　そのためには、瞬時にパスのつけどころを判断できるビジョンを持つことが大切だ。中盤の底でボールを受けたアンカーが考える、次のパスコースをイメージしてみよう。

相手ディフェンスの状態を観察してフリーな選手を見つける

　チャレンジ①相手のMFの間が空いていれば深い位置にいる味方FWへパスを入れ、それに対して前向きでサポート。②相手のMFが全くついてこなかったら、前向きにターンして、スルーパスやFWへのくさびのパスを狙う。③相手MFのポジショニングが良く、間にパスを入れられないときは、一度MFにパスをつけて、間を広げる。そしてリターンパスを受けたアンカーから深い位置へパス。それに対して前向きサポートしたMFがフリーマンになる。

プラス+1 テクニック 首を振って周囲を確認しておく

　中盤の選手がパスを受ける前は、周囲の状況を確認しておくことが大事。味方選手がどこにいるのか、相手選手はどこから寄せてくるのかなど、状況を頭に入れておくことで、ワンタッチ目のボールの置きどころが変わってくる。

IQ 03 スペース

どこが空いているのか グラウンドをふかんして観る

ヒント 人＋スペースを把握してプレーする

　図のようなサイドからのスローイン時にオフェンス的には有効な、ディフェンス的には危険なスペースがある。

　ここからボールを保持していても有効なスペースがなければ、効果的なオフェンスをすることができない。スローインでは、ディフェンスにぴったりマークがつかれた状態では、なかなかボールを受けることが難しい。

　オフェンス・ディフェンスに関わらず自分のマークをケアすることはもちろん、グラウンドをふかんして見てどこにスペースがあるのかイメージしてみよう。

チャレンジ ①

オフェンス

味方のためにスペースをつくる（空ける）動きをする

マイボールのスローインでも、相手ディフェンスにぴったりマークをつかれていたらボールを受けられない。ボールを受けるためには、スペースを意図的につくる必要があり、味方がボールを受けやすい状況をつくってあげることが非常に有効だ。

チャレンジ ②

ディフェンス

危険なエリアを察知してうめる

ディフェンスは、グラウンドをふかんして見たときに、どこに危険なエリアがあるのか察知。マッチアップする選手との力関係や自分のポジショニングなどトータルで考え、ボールを奪いにいくのか、スペースをうめるのか判断する。

チャレンジ ③

オフェンス

スペースを引き出すプレーを意識する

オフェンスとしては、いかに有効なスペースを生み出すかがポイント。スローインからのボールに対してスペースを引き出す動きをとる選手、空いたスペースに入ってプレーする選手が、それぞれチームとして連携することでゴールに向かう。

IQ 04 ポジショニング

正しいポジショニングでボールを受けるには

センターバックにパスが入る

ヒント ボール保持者からみた選手の配置を考える

　ゲームは10対10、計20人(8人制は14人)のフィールドプレイヤーがピッチにポジショニングしてプレーしている。相手ボールなのか、マイボールなのかによって選手たちは、正しいポジショニングをしながら、ゴールに向かうプレー、ボールを奪うプレーをしなければならない。

　オフェンス側に立って考えると、常にボールを保持している選手に二方向のパスの選択肢があり、トライアングルを形成していることが理想だ。
　ディフェンス側としては、ボールを持つ選手に対して「ボール中心のポジション」を意識しなければならない。

チャレンジ① オフェンス

距離を縮めて相手からのプレッシャーを回避する

プレッシャーを受けない位置へパス

攻撃側のSBはCBからパスを受けるとき、相手のSHから離れてプレッシャーを受けないポジショニングをとる。ボールを受けたらSHとMFのどちらへもパスを出せる状態をつくる。

もし、SBが相手のSHから縦のパスコースを切られながらプレッシャーを受けたらMFを使ってSHへパスをつなぎ、プレッシャーから解放する。

プラス+1 テクニック ボールの位置で自分の位置が決まる

ディフェンス

ディフェンスでも正しいポジショニングを取ることは、主導権を握りながら守備をするために必要な要素だ。正しいポジショニングとは、それぞれの選手がボールに対してポジショニングを取るということで「ボール中心のポジション」とはこのことを指す。相手の攻撃の選手がいくらポジションチェンジをしても、それにつられすぎず守備のオーガナイズを崩さないことが大切である。

IQ 05 Jリーガーの"考える基準(きじゅん)"

自分がどういう選手か理解し
チームのなかでの役割を考える

大山啓輔選手インタビュー

　大宮アルディージャのジュニア1期生として、小学生から同チームに所属し、現在はJリーグで活躍する大山啓輔選手。決して"大きくない、強くもない、速くもない"という大山選手が、何を考えてサッカーに取り組んで成長を続け、そしてプロになった今は、何を考えてプレーしているのか…。ジュニア世代の未来のJリーガーたちにアドバイスする。

―大宮アルディージャのサッカーの特徴は？

大山選手・トップチームの場合、監督のカラーにもより多少違いますが、僕がジュニア世代からやってきたのは4-4-2のシステムのなかで、ゾーンディフェンスしてしっかりブロックつくって守備をして、ボールを奪ってからはポゼッションしながら攻撃する、攻守でイニシアチブを握(にぎ)るサッカーです。

―ジュニア1期生として、アルディージャのサッカーに取り組み、進んでプロになったことは、どう生かされている？

大山選手・ベースとなるアルディージャのサッカーが身についているので、チーム戦術の理解度は高いと思います。さまざまな相手のシステムや戦術に対し、いろんな引き出しやパターンを学んできたという蓄積(ちくせき)もたくさんありますし、相手への対処法(たいしょほう)や瞬時(しゅんじ)に考える力が確実についていると思います。

―ジュニア世代では、何を考えプレーしていた？

大山選手・最初からトップ下かボランチ

などを担う中盤の選手でした。どちらかというと、まわりの選手を使うプレーが得意でした。もともと僕自身が足が速いわけではないし、体が強いわけでもない、スタミナがあったわけでもないので、技術を磨くことと、「考える力」を養うことで、まわりの選手をどう生かすか、ということを念頭に考えてやってきましたね。

―当時のコーチや監督からは、どのようなアドバイスがあった？

大山選手・小中高といろんなコーチと出会いました。ジュニア世代はゴールデンエイジということで、技術に重きを置いて基本テクニックを徹底的に練習しました。中高では個人戦術からチーム戦術の要素が加わり、プロサッカー選手として土台を学びました。

特に中学時に指導された監督のアドバイスで「10本パスを出すとしたら、9本成功させろ」という言葉が印象に残っていますね。

ジュニア時代から
高い技術があった大山選手

僕はもともとスルーパスが好きで、ボール持つと前を向いてスルーパスばっかり狙っていました。でも、それだと中盤の選手としてゲームをコントロールできない。監督の「プレーヤーとしての価値をあげるために、無理に勝負して10本のうち8本をミスしていたら、お前はこの世界ではいきていけない」というアドバイスが、自分の考え方を大きく変えました。10本中の7本は安全なパスでつないで、残り3本は勝負のパスで2本は成功させる。1本はミスでも仕方ないという考え方は、自分のやりたいことだけをやるのではなくて、チームのために何が必要なのか考える大事なことだと思います。実際に安全な7本のパスをしっかり通すことで、3本の勝負のパスが狙いやすくなるという戦術的なメリットもあります。

—Jリーガーとして活躍するなかで、選手としての武器は？

大山選手・プロならば「より速く、より強く、より大きく」というフィジカルに優れた選手が重宝されるところですが、僕のような選手が生き残っていくためには、中盤でゲームをコントロールする力が大切です。勝敗を左右するゴールにつながるプ

レーも必要ですが、技術的な部分や判断の早さは武器にしなければなりません。

—ジュニア世代から取り組んできた技術やスキルとはどのようなものか?
大山選手・子どものときは、どうしても派手な技やテクニックのある海外の選手にあこがれて、トリッキーなヒールキックやアウトサイドキックで意表をつく、自己満足なプレーに走っていました。そんなプレーに対しては、「それじゃプロになれない」と、よく怒られましたね。確かにアウトサイドのパスは、どうしても使わなければ出せない場面もありますが、多くは体の向きが悪かったり、ボールをもらう前の準備不足が原因です。準備を怠っていなければ、インサイドでもっと正確なパスを出せるわけですから。今の自分のプレースタイルのベーシックな部分ですし、インサイドで止める、蹴る、という技術が一番大事だと思います。

—Jリーグでプレーしていくなかで壁を感じたことは?
大山選手・ジュニアからテクニックや戦術を学んできて、トップチームに入って即活躍できるものではありません。小学生のときから、同じコンセプトを教わってきた11人でサッカーをやるわけではなく、違う感覚や経歴を持った選手たちと一緒にプレーしなければなりません。もっと柔軟性を持ってプレーできないか、という点は課題です。

トップチームで活躍する大山選手

IQ 06 大山選手はどんなプレーをする？

オフェンス
**センターバックからの
パスをどこで受ける？**

ヒント
**相手のイヤなスペースに
入り、数的優位をつくる**

―強いフィジカルがなくても工夫次第で活躍できる？

大山選手・フィジカルがあまり強くなかったり、正面衝突で勝てるような体のサイズがない選手は、ボールの奪い方も工夫しないといけない。マークする相手が「こないだろうな」と一回思わせることも大事ですね。相手はパスを受ける前に、首を振って周囲を確認します。このときあえて僕は、棒立ちになったり、他の選手を見ているようにしたり、疲れたふりをして相手を油断させます。ボールをトラップするときは、必ずボールを見るのでそこがボールを奪うチャンスになるのです。これぐらいの駆け引きをしないとボール奪うのはすごく難しい。より効率よくボールを奪うため常に考えています。

―オフェンスではトライアングルやスペースを意識した動きが重要になる

大山選手・これは育成年代から繰り返しやってきたことで、トライアングルを常に意識することは、口酸っぱく指導されてきました。一番小さい関係が三角形。

ディフェンス

サイドの相手ボールに対して何を狙う？

攻撃方向

大山選手

ヒント
相手の状況を観て
次のプレーを予想する

　その三角形を組み合わせていくとシステムになる。基本的に三角形になっていると、相手のプレッシャーを正面から受けないし、パスコースが確保できます。

　トレーニングから相手のプレッシャーを正面から受けないポジショニングをとり、三角形をつくることで、1人目、2人目だけでなく3人目の選手も意識することができる。自分にきっちりマークがきたら、三角形から外れて、そこに新たな選手が入る。これがパスワークやスペースを意識した基本の考えとなります。

―選手によってはポジションも違い、与えられた役割も変わります。何を考え、サッカーをプレーすればよいのか

大山選手・まずゲームのなかで自分がどういう役割なのか、考えることが大切です。そして、自分がどういう選手なのか理解することです。足が早ければ足を生かせばいいし、ドリブルが下手なのにドリブルばっかりでは進歩がない。プロのサッカー選手になることを目指しているなら、どの部分を磨いていけば良いか考えることが大事です。ひとつひとつのプレーに意味を持ってプレーする。何気ないバックパス一本でも「次に縦パスを入れて欲しいパスなのか」「苦し紛れに出したパスなのか」によって、ほかの選手の動き出しも全く違います。パス1本の意味もしっかり考えることが大切です。考えているか、そうでないかによって次の選手への伝わり方も変わります。パスの意図が「何とかしてくれ」なのか、「次にダイレクトで出して欲しいからゆっくりのボールだよ」なのか、「マークがきてるから早いパスだよ」とか…。ゲームは速いスピードで流れていくので、ひとつ一つに説明はできませんが、自分のなかで意味やメッセージ

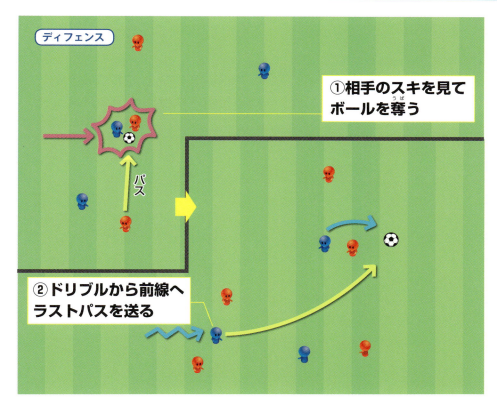

①相手のスキを見てボールを奪う

パス

②ドリブルから前線へラストパスを送る

ディフェンス

をパスに込めることですね。

―本書を読んでいる小学生へのアドバイスを

大山選手・サッカーに限らず、1日で急激にうまくなることはありません。でも地味なトレーニングほどうまくなる練習だと思うので、基礎をおろそかにしないでください。毎日同じくり返しで、あきてくるトレーニングがあっても、毎日真摯に取り組んで、100％の力でトライしていくことがうまくなる近道です。がんばってください。

大山 啓輔
1995年5月7日生 さいたま市出身
ポジションは、ミッドフィールダー。大宮アルディージャジュニアの1期生として、Jr.ユース、ユースを経て2014年からは正式にトップチームに昇格した。クラブを象徴するプレーヤーが身につける背番号15を担い、高い技術とクレバーなプレーで活躍している。

PART

2

ディフェンスラインからの
ビルドアップ

　スキルの低いチームは、ディフェンスに当たりの強い選手やキック力の
ある選手を配置し、ディフェンスラインでのパスまわしを軽視する傾向が
ある。しかしボールポゼッションを高め、チームの攻撃をオーガナイズさ
せていくには、ディフェンスラインからのビルドアップが必須になる。
　まずはディフェンスラインからのパスコースや当てどころを理解し、中
盤にすばやくつなぐサッカーを目指す。そこから数的有利な状況をつくり
出し、決定的なチャンスを演出する。

IQ 07 ディフェンスラインのパスまわし①

CBからどうやって高い位置にボールを運ぶ

ヒント 相手の背後にパスを出してラインを寸断する

　センターバックがボールを持った瞬間のパスの狙いどころを考えることがポイント。ディフェンスラインでのパスまわしは、攻撃のビルドアップに欠かせない要素だ。

　センターバックを中心に、すばやく正確にスイングするインサイドキック（P39～参照）で、しっかりパスをつないでいくことが大切。状況によっては、相手フォワードの背後のスペースにタテパスを入れて数的有利をつくり出す。

　左右のサイドバックやアンカー、トップなど、考えられる当てどころがあるなかで、より攻撃的で有効なパスコースを探す。

チャレンジ ①

2人のCBとMFの3人で相手FWのラインをブレイクする

CB間のパスで相手FWからのプレッシャーを回避する。CBがボールを持っているときに、MFは相手のFWとFWの間でボールを受けるための動き出しをする。少しでもカバーリングするFWがその動きにつられたら、すかさずボールを受ける方のCBは高いポジションに入る。そうすることでFWのプレッシャーから一瞬フリーになれると同時に、前方の選手との距離が縮まり、パスの成功率を上げることができる。

チャレンジ ②

サイドチェンジで
スペースを大きく使う

同一サイドだけでは、相手ディフェンスを簡単に崩すことはできない。ボールサイドでパスを受けたら、逆サイドのスペースをチェック。サイドの状況や相手の動きをみて、大きくサイドチェンジすることで中のスペースを広げる。

チャレンジ ③

ロングキックで
ゴールに向かう

よりゴールに近い位置にボールを入れることができればロングキックも有効なプレーだ。精度の高いボールなら、一気にゴールチャンスになる。相手の陣形や走り込むFWのスペースなど、よく観察してチャレンジすることが大事。

IQ 08 ディフェンスラインのパスまわし②

どこにパスすれば時間とスペースを有効に使えるのか

ヒント パスを当ててもう一度もらう動きを意識する

　サイドバックに当てるパスは、時間をつくり出すことができる一方、出しどころを間違えると相手にボールを奪われたり、苦しい展開となってしまう。

　サイドバックがライン際に張り出した状況で、プレッシャーを受けたセンターバックはどこを狙ってパスすれば良いだろうか。「サイドバックの足元」「サイドバックの体正面のスペース」「サイドバックが1〜2mさがったスペース」とし、それぞれのメリット・デメリットを考えてみよう。出し手が、相手の状況を考えてパスすることで新たなスペースと時間を得ることができる。

チャレンジ ①

SBのビハインドスペースを有効に使う

①CBはプレッシャーを受けたとき、SBのビハインドスペース（後ろのスペース）にゆるいボールを転がすことで相手SHのプレッシャーから一時的にSBをフリーにする、と同時に自分がさらにビハインドへサポートするための時間をつくる。②そうすることで相手の守備の連動がきてもCBがボールを受け、③GKを使ってサイドチェンジすることができ、ボールを失わないで済む。

チャレンジ ②

リスクのあるプレーは避けて安全につなぐ

「サイドバックの足元」や「サイドバックの体正面のスペース」はリスクがあるので避けた方が良いだろう。サイドバックのトラップミスやパスカットされてボールを失えば、即ピンチにおちいってしまうプレーだ。

チャレンジ ③

時間的な余裕がないとプレーが後手にまわる

パスコースが限定されてしまうと、プレーが後手にまわってしまう。仮にサイドバックがボールを奪われなくても、次のプレーやパスで余裕がなくなり、クリアやサイドライン際に逃げるようなキックしかできなくなる。

IQ 09 ディフェンスラインのパスまわし③

ゴールキーパーのキックは大きく蹴ってクリアすべき?

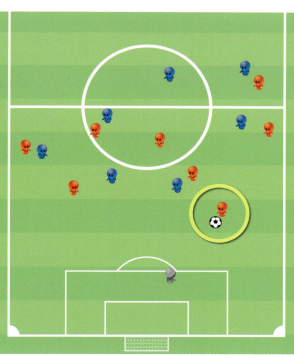

ヒント ゴールキーパーもパスまわしに加わる

　ディフェンスラインのパスまわしで、重要なカギを握るのがゴールキーパーだ。足元の技術に長けたゴールキーパーなら、パスまわしにスイーパーの役割として加わり、ディフェンスラインでボールがつまったときの落としどころになれる。

　バックパスをセンターバックが受けたとき、ゴールキーパーはゴールマウスから離れてパスを受ける動きに入る。このとき次にどこにパスを出すのか考えることがポイント。危険を回避するために大きく蹴るのか、短く味方選手にパスを入れるのか、決定的なパスを狙うことも考えられる。

チャレンジ ①

GKがフィールドプレーヤーと同じように、ビルドアップに加わる

　CBがバックパスを受けたとき、相手の守備の連動が弱ければGKはゴールマウスから外れて距離を変えてボールを受ける。そうすることでCBは押し出されて高い位置でボールを受けることができ、相手FWのラインをブレイクできる。このとき、MFは相手FWの間にボールを受ける動きをしたり、SBやMF（左側）は高い位置をとって相手DFを引っ張ることでCBが進入するスペースをつくり出すことが重要。

チャレンジ ②

大きくキックするプレーはマイボールを失う可能性がある

　相手のプレッシャーが強ければ、大きくキックするプレーも間違いではない。しかし大きく前方に蹴ってしまうことは、ディフェンスラインのパス交換を寸断し、マイボールが相手ボールになる可能性が高くなる。

チャレンジ ③

ターンできる選手に正確なパスを出す

　味方選手がフリーでいれば、攻撃的なパスも効果的だ。パスを出す基準としては、パスを受けた選手が十分に前を向ける時間とスペースがあることだ。余裕のないパスを出し、ボールを奪われることは大きなピンチにつながってしまう。

IQ 10 ディフェンスラインのパスまわし④

攻撃にギアが入る MF(ミッドフィルダー)からのパスは

ヒント スペースとトライアングルを意識してパスを出す

　ディフェンスラインでのパスまわしに顔を出して、中盤(ちゅうばん)へのつなぎをはかるのがボランチやアンカーなどの役目だ。チームのかじ取り役ともいえ、豊富な運動量で攻守に働かなければならない。ディフェンスラインで左右にボールが動いていれば、中央のMFがボールを受けるタイミングとスペースが必ずある。MFはボールを受けたら前を向き、ワンタッチでボールをコントロールしてパスを出す。

　MFからの効果的なパスコースはどこか。サイドにはたくのか、大きくパスを展開するのか、前を向かず後ろに戻すのか、臨機応変(りんきおうへん)なプレーが求められる。

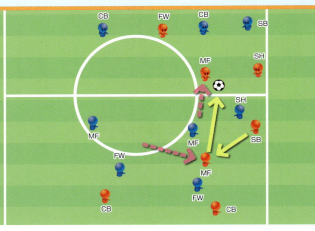

相手DFラインとMFラインの間のスペースにパスを入れていく

　高い位置のMFが相手からのプレッシャーが強くてボールを受けられそうにないときは、もう一枚のMFのためにスペースをつくることも大切。SBからボールを受けたMFはダイレクトで縦にボールを入れていくことで攻撃のスイッチを入れる。ライン間でボールを受けたMFがターンできれば、相手DFの裏のスペースに得点に直結するパスを狙える。

前線にいる選手を
できるだけ孤立させない

　トップにいる選手の裏のスペースやクサビへのパスは、ゴールに向かうプレーだ。ただしゴールまでの距離がある場合、パスが通っても前線の選手を孤立させてしまうことがある。フォワードを味方選手がサポートできる位置関係が理想だ。

背負ったり、マークがついたら
後ろに戻してつくり直すことも必要

　ピッチ中央は相手ディフェンスのプレッシャーが厳しいエリア。MFはダイレクトで味方に戻したり、一度ボールを受けてからバックラインに戻すことも必要だ。ボールを奪われてしまうことは避けなければならない。

IQ 11 ディフェンスラインのパスまわし⑤

SBがオーバーラップする最適なタイミングは?

ヒント 3人目の動きを意識してオーバーラップする

　サイドバックの上下や内外の動きは、攻撃に厚みと幅を持たせる重要な要素。オーバーラップのスキがあれば、積極的に前に出てスペースでパスを受ける。チャンスが拡大するようなタイミングであれば、さらにバイタルエリア横まであがり、アシストになるようなパスを供給することもできる。

　図では①で相手からボールを奪い、②のCBにパス。受けたCBが③の中盤の選手にパスを出したところ。右サイドにいるSBの動き出しを考えてみよう。SBの前にいるSHがポイントだ。

チャレンジ ①

MFからSHへのパスが通ると確信したら、SBはスタートを切り、徐々にスピードアップ

SBはスピードを上げすぎると、オフサイドの危険が出てくるし、遅すぎると相手SBに対して2対1を作るタイミングを逸してしまうので、スピードの調節が必要。最終的にSHがボールを受けたときにいつでもスピードアップできるポジションにいることができれば、相手SBが縦切りをしてきても、3人目でボールを受けることが可能となる。

チャレンジ ②

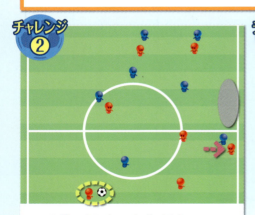

マイボールになったときは開きながらスペースを探す

相手がボールを保持している場合、ボールサイドにいないサイドバックは絞ってポジショニングするのがセオリー。ディフェンスからマイボールになったら、サイドに開きながら周囲の状況を確認し、適切なスペースを探す。

チャレンジ ③

外に開いてパスコースをつくる

サイドバックの外への開きは、中のスペースを広げる役割を担う。センターバックのパスコースが複数確保できるよう、すばやく開く。相手ディフェンスとの駆け引きのなかで、一旦下がってボールを受けることも考える。

IQ 12 実戦テクニックのコツ①
インサイドキックをスイングして蹴る

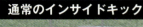

通常のインサイドキック / 押し出す

スイングするインサイドキック / スイングする

ヒント 相手にパスの高さやコースを読ませない

　インサイドキックはボールを足の内側でヒットし、パス方向に押し出すのが基本。しかし実戦でそのようなキックをしていると、相手ディフェンスにコースを読まれてしまい、パスの受け手に余裕がなくなってしまう。

　チームで高度なパスワークを実現するには、インサイドキックでもスイングするようなフォームが必要。スイングするフォームでインパクトすることで、相手はパスコースやボールの高低が予測しにくくなる。常に同じフォームでキックできるようパス練習から取り組むことが必要だ。

39

IQ +a 実戦テクニック②

スイングするインサイドキックをマスターする

フォロースルーをとって相手にコースを読まれない

　軸足の横にボールを置き、股関節(こかんせつ)をスムーズに動かすことで、強いボールをキックすることができる。足をスイングすれば、相手はパスコースが読みにくくなるので、ボールをインパクトしたら足を振ってしっかりフォロースルーをとる。

ヒント 相手との駆け引きでコースを予測させない

インサイドキックを身体のひねりを使い、スイングしてボールを蹴ることで強いインパクトを与えることができ、パススピードはあがる。このキックフォームでボールを蹴ることで、同じ動作で様々な方向への蹴り分けができる。

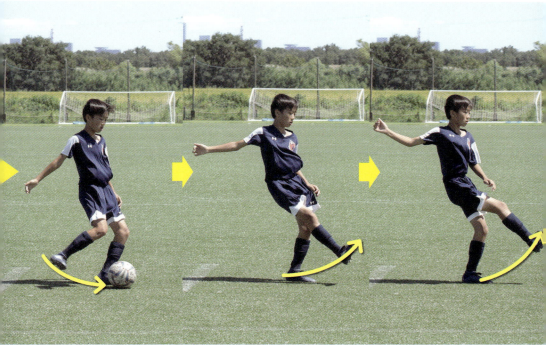

押し出すインサイドキックはフリーの選手へ

押し出すようなインサイドキックは、コントロールが正確なので、フリー選手にすばやくパスをつなぐような場面では有効。しかし中盤（ちゅうばん）でのパスワークや攻守の人数が集まる狭（せま）いスペースで、相手との駆け引きが必要な場面ではパスコースを読まれやすいので注意。

PART

3

パスワークで
イニシアチブを握る

　ディフェンスラインでしっかりビルドアップしてきたら、中盤以降では
コンパクトな距離を保ちつつ、相手ディフェンスを崩す攻撃を意識しなけ
ればならない。その基準となるのが、正確なパスワークと正しいポジショ
ニングだ。前線の選手も含むトライアングルやダイヤモンドの関係を構築
しつつ、より効果的なパスコースを探す。

　ピッチをふかんでとらえ、空いているスペースがどこなのか、選手が動
くことによりどこにスペースが生まれるのか、空間を認識する能力も求め
られる。

IQ 13 中盤のスペース

サイドハーフからみた効果的なパスコースは？

ヒント トライアングルを維持して次につなぐ

　攻撃においてイニシアチブを握るためには、ポゼッションを高め相手にボールを渡さないパスまわしが大切だ。常に複数のパスコースをつくりながら、相手ディフェンスを切り崩す。ボールの預けどころとなるサイドハーフは、ときに攻撃の起点となる。

　サイドハーフがライン際でボールをコントロールしたとき、マークの寄せが甘く、いくつかの攻撃オプションがあるようだ。自分から仕掛けるのか、ほかの選手の動き出しにパスをつけるのか次のプレーをイメージしてみよう。

43

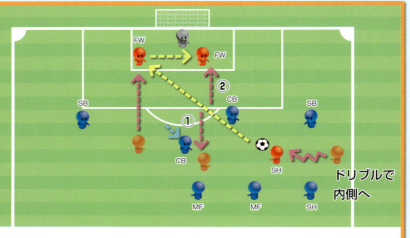

DFラインの背後へランニングし、できたスペースへ走りこむ

　サイドハーフが内側へドリブルで運び、FWはくさびのボールを受ける動き出しをする。もし、相手CBがその動きについてきたら、もう一人のFWは、背後のスペースにランニングしてボールを引き出す。さらに最初にくさびを受ける動きをしたFWは、折り返しからフィニッシュに絡むためにゴール前に入っていく。

コーナー付近にフォワードを走らせる

　前線のFWやオーバーラップするSBへのパスは、動き出しとタイミングがあえばチャンスになる。しかしゴール前へのパスは、ディフェンスにクリアされてしまう可能性も。コーナー付近のスペースを狙って出し、そこを起点に攻撃を組み立てる。

バイタルエリア手前からのラストパスを導き出す

　横についたもう1人MFが、バイタルエリアの手前でフリーになっている。サイドハーフから条件の良いボールが入り、すばやく前を向くことができれば、チャンスが拡大する。FWへのくさびのパスやラストパスも可能性がある。

IQ 14 FWのコンビネーション

フォワードへの
パスの選択肢は？

ヒント 前の二人がコンビネーションを使って崩す

　フォワードの選手は大抵、ディフェンスにマークされている。しかし相手を背負っているからといって、パスを出さなければ、スペースが動かず、攻撃のスイッチを入れることができなくなってしまう。フォワードの選手は、動き出しを工夫し、ボールを受けることがポイント。

　中盤の選手が入れるパスに対してのFWの動きを考えてみよう。図ではFWの選手が前線に二人いるのがポイント。パスを受けてボールを保持しているMFは、相手ディフェンスのマークもゆるく、あらゆるプレーが可能な状態だ。

45

FWのコンビネーションでスペースをつくる動きと使う動きで崩す

　ボールに近い方のFWがボールを受ける動きと同時に、もう一人のFWにスペースをつくる動き出しをする(もし、CBがついてこなければそのままボールを受けてターンできる)。左側に位置するFWはできたスペースにスルーパスを引き出す動き出しをする。このとき、斜めへ直線的な動きではオフサイドになる危険性と、自分からマーカーをはがせないので、一旦ボールホルダーに近づいてから出ていく工夫が必要となる。

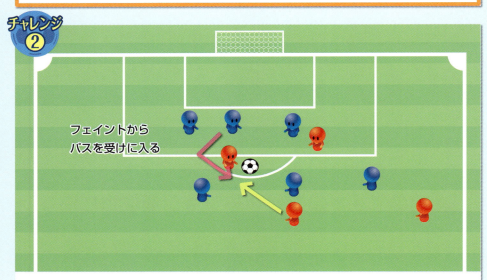

FWがさがってパスを受ける

　中盤の選手がボールをコントロールし、ルックアップする前にアイコンタクトして、意思の疎通をはかる。フォワードの選手は裏に抜けるような動作を入れて相手の意識を後ろにしてから、さがってボールを受けて次のプレーにつなげる。

IQ 15 裏への動き出し

フォワードが裏に出るときの走るコースの軌道は？

ヒント オフサイドにかからないよう裏に抜ける

　相手ディフェンスの間を抜く、中盤の選手からフォワードの選手へのスルーパスは決定機になる。チャンスをつぶさないためには、オフサイドにならない動き出しが必要だ。MFがボールを受けて前を向いた瞬間、FWはどこを狙って、どう動けば良いだろうか。

　MFとFWはアイコンタクトで意思を疎通し、MFがボールをコントロールしてルックアップした直後にFWが動き出す。ポストに入るようにさがる動きから反転してスペースに出る。FWの走るコースの軌道とまわりの選手の動きもあわせて考えてみよう。

チャレンジ ①

バイタルエリアで前向きでフリーな選手ができたら、プルアウェイで相手の裏をとる

　FWに対してMFが前向きでサポートし、フリーでボールを出せる状態になったら、もう一人のFWは相手CBの裏をとる動き出しをする。その時、裏に抜けるFWは一度ボールに寄ってから（中に入るとみせておいて）曲線的に膨らみながら相手CBの背後にランニングする。そうすることで相手DFの逆をとることができ、フリーでシュートまで持っていける可能性が高くなる。

チャレンジ ②

まっすぐ裏に抜ける動きはディフェンスにつかまりやすい

　パスが出るタイミングで、FWが裏に直接抜けるような動きは、ディフェンスラインの統率がとれているとオフサイドになってしまう可能性も。またマークに体を入れられてボールに対してトップスピードで入れなくなる。

チャレンジ ③

フォワードの動きをおとりに使って攻撃する

　FWが裏のスペースに入っていったら、空いたスペースに他の選手が入っていくことがポイント。タイミングがあわずスルーパスが出せないときは、FWの動き出しをおとりに使って、SHやMFが次の攻撃の起点となる。

IQ 16 サイドの攻防

サイドハーフはどこでパスを受け、何を狙う？

ヒント 精度の高いキックで決定機をつくる

　サイドハーフはスピードと運動量のある選手が担い、チームの攻撃チャンスをつくり出す役目がある。ライン際での攻防が多くなるため、巧みなフェイントや精度の高いキックも必要だ。
　中盤の底の選手にボールが入ったときは、サイドハーフがパスを受けるチャンスだ。どこでボールを受け、次のプレーで何を狙うのか考える。「ボランチ（アンカー）に寄ってパスを受ける」「裏のスペースに走り出す」「ライン際まで広がりパスを受ける」。それぞれの動き出しでは、相手と距離をとるための予備動作もポイント。一連のプレーをイメージしてみよう。

タッチライン沿いにポジショニングを取り、ライン際の突破を優先的に狙う

基本的にサイドハーフはタッチラインまで拡がり、視野を確保し、情報（ボール・相手の位置・スペースなど）を得ることが重要。相手SBの状態を観て、相手の裏のスペースにボールを引き出しそのまま突破につなげる、または SB のポジショニングが良ければ足元にボールを要求し、ドリブルでの仕掛け、ワンツー、カットインからのスルーパスなどを狙う。

裏のスペースに抜けたらゴール前にセンタリング

相手のマークをスピードで抜き去ることができれば、裏のスペースへの走り出しも有効だ。タイミングよく動き出せるかがポイントになる。マークに体を入れられたり、タイミングが合わなければ、このプレーは成功しない。

ピッチ内側に絞ってサイドバックのあがりを待つ

出し手に寄るプレーは、SBのあがるスペースをつくることができ、サイドで数的優位をつくりだすには有効だ。逆にサイドバックのあがりがない場合、相手にパスコースをふさがれてしまうため、後ろにさげるしかない。

IQ 17 スローイン①

マイボールのスローインはどこに当てる？

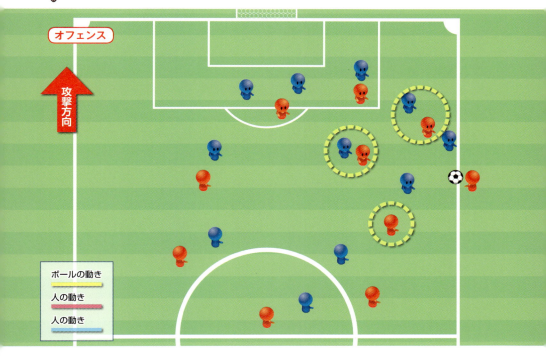

ヒント スローイン後のプレーをイメージして入れる

　スローインはキックほどの威力はないものの、オフサイドにならないため攻撃の手段としては有効なプレーだ。マイボールのスローインを確実につなげ、チャンスをつくり出していくことが大事。パスワークと同様に受け手と出し手のアイコンタクトや受ける側の相手を釣る予備動作も必要になる。

　「タテにはり出している選手」「相手を背負っている選手」「マークがついていないフリーの選手」。どこに当てれば有効なスローインになるか、それぞれスローイン後のプレーも考えてボールを入れてみよう。

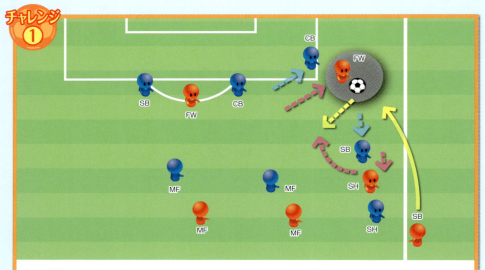

意図的につくったスペースにスローインを投げる

　相手陣内のスローインであれば、例えばSHがボールを受ける動きから相手のSBを引き出し、できたスペースにFWが走り込みボールを受ける。FWにボールが収まったら、SHは内側にサポートにいきパスがつながればチャンスが広がる。

タテに相手を引っ張りスペースを空ける

　オフサイドがないスローインは、タテに受け手が入ることで相手を引っ張り、スペースを広げる効果がある。相手をうまくブロックできれば、足元へのスローインでポストプレーが可能。他の選手がすばやく寄って受けた選手をサポート。

後ろに落としてリターンパスを受ける

　マイボールを正確につなぎ、攻撃を再構築するには一旦後ろにさげるスローインも有効。相手ができるだけコントロールしやすい位置に投げる。スローインを入れた選手は、すばやくピッチ内に戻りリターンパスを受けることを意識する。

IQ 18 実戦テクニックのコツ③

予備動作を入れてから ボールを受ける

オフェンス
- 相手の視界（しかい）から消える
- 逆方向に踏み込む
- すばやく戻ってボールを受ける

ヒント 相手の視界から消えてフリーになる

　スペースへの抜け出しやスローインでボールを受ける前の予備動作では、入りたいスペースとは別の方向に行くとみせかけるすばやい動きがポイントになる。

　狭いスペースでのスローインでは、相手の視界から消えるような動作を入れることでフリーになり、スペースに走り込んで、ボールを受けることができる。

　中盤（ちゅうばん）も相手がマンツーマンであれば、パスの受け手は受けたい場所と反対方向に動き相手を引っ張り、パスの出し手のファーストタッチが決まった瞬間、空けていたスペースに動き出すことでインターセプトされずにボールを受けられる。

53

実戦テクニックのコツ④

曲線を描くようにして スペースに抜け出す

オフェンス

一度、逆方向に行くと見せかけてから
曲線を描いてスペースに抜け出す

ヒント オフサイドトラップにかからず抜け出す

フォワードの場合は、相手マークがより厳しくなるので工夫が必要。常にマークと駆け引きしながら相手の視界（しかい）から消える動きを取り入れると、ボールを受けたとき、フリーになりやすい。

裏のスペースに抜け出す選手は、味方がボールを蹴られる状態を見極める必要があり、ボールコントロールが決まった瞬間に動き出すことで、味方にいつボールを出してほしいかを知らせることができる。また、相手の背後に走る際、弧を描くように曲線的に動くことで相手の視野から消え、なおかつゴールに正対しながらファーストタッチができる。

54

IQ 19 スローイン②

相手スローインを投げられたら危険なエリアは?

ヒント 人につくのかスペースをうめるのか考える

　ディフェンス側でスローインを考えると、ゴールマウスに近くなるほど人数が増えるため、マークのズレやスペースは与えにくい。中盤でも選手同士がコンパクトな距離を保ち、相手を自由にさせない守り方が理想となる。注意しなければならないのが、相手に密着するあまりスローイン後のスペースや展開をふかんでとらえられていないケースだ。

　「ピッチ中央でマークしている選手」「スローインのポイント近くにいる選手」「ライン際でマークしてる選手」。それぞれのポジショニングを考えよう。

55

チャレンジ①

引き出されすぎると
スペースを空けてしまう

FW に下がらせて対応

ディフェンスライン前の危険なスペースをケアする

　DF ラインの前のエリアにいる FW に投げられて、前向きにサポートした選手を使われると失点に直結してしまう。守備側の MF は攻撃側の MF の動きにつられて、バイタルエリアを空けないようにしたい。例え引き出されたとしても FW へ投げられた瞬間にプレスバックする、またはもう一人の MF がカバーリングするなどして、ディフェンスライン前のスペースは必ず潰せるようにしたい。

チャレンジ②

リターンパスを警戒して
ディフェンスを余らせる

　スローインのポイント近くにいる選手は、トップの選手で誰もマークについていない。ただしスローインした選手がリターンパスをもらった場合は、すばやくディフェンスに入ることが大事。ポジショニングはこのままで良い。

チャレンジ③

縦へのスペースの
スローイングを警戒する

　スローイングはオフサイドがないため、縦のスペースも十分に警戒したい。背後にスローイングが投げ入れられたら、相手より先にボールに入り、マイボールにすることが先決だ。状況によってはクリアで危険を回避する。

IQ 20 タテパス

効果的なタテパスを受けた選手は次にどんなプレーを狙える？

ヒント 相手を引きつけてまわりを生かす

　ディフェンスラインからのビルドアップでは、高い位置にフリーの選手がいたら、すばやくそこにボールを入れることが大切。ワンタッチでボールをコントロールし、顔をあげたときに受け手は動き出す。

　高い位置でボールを受けた選手は、相手の背中をとっているので、スペースを自由に使ってプレーできる。

　ここでは、高い位置にいるMFの選手に効果的なタテパスが入ったところ。相手にとって危険なエリアでボールを受けた選手の次のプレーを予測してみよう。

バイタルエリアでMFがターンできたらディフェンスラインの背後を狙うランニングを！

　バイタルエリアでMFが前向きのフリーマンになったら、相手ディフェンスラインの裏のスペースに一気に連動して動き出したい。このとき、FW・MF・SHのそれぞれの選手が違ったスペースを狙ってランニングすれば、相手ディフェンスはボールの出どころを予測しづらく、ゴールを守ることが難しくなる。攻撃側は動き出す人数が多いほど、フリーな選手をつくり出す可能性が広がる。

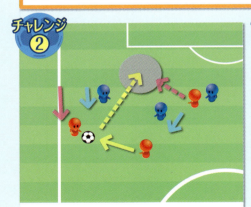

フォワード選手のスペースにパスを出す

　スペースに効果的なパスが入ったことで、ボールを持たない選手が動き出す。アイコンタクトしたMFはさがってきたSHにパス。足元でボールをさばいたSHは、ダイレクトの壁パスで走り込んだFWのスペースにボールを出す。

ドリブルを仕掛けてタメをつくる

　危険なエリアでボールを受けた選手には、相手からのプレッシャーが集中する。スペースにドリブルを仕掛けることで、ためをつくることができるが、奪われないよう注意。ドリブルから正確なパスを出せれば、チャンスになる。

IQ 21 スルーパス

どこにパスを出せばゴールに直結する？

前を向けたらすばやく状況を判断する

凡例：
- ボールの動き
- 人の動き
- 人の動き

ヒント 空いているスペースにパスを通す

　タテパスで最も効果的なのが、相手ディフェンスの間を通すスルーパスだ。パスを出す選手は、受け手とアイコンタクトし、ディフェンスの裏のスペースに出す。ピッチをふかんで見て、空いているスペースを見つけ出すことがポイント。
　針の穴を通すような正確なパスはゴールに直結する。味方選手との意志の疎通がとれていないと、パスが失敗に終わる可能性があるので注意。
　ピッチ中央でボールを受け、前を向いたとき前線2選手は走り出しているものの、マークがついている。パスを出すとすれば、どこが効果的か考えてみよう。

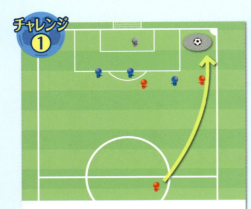

ピッチの奥行きを使ったパスで相手を崩す

　コーナーフラッグ付近のスペースは大きく空いている。ゴロで足の長いパスや浮き球のパスで味方をタテに走らせることができる。ピッチの奥行きを使ったプレーから、パスを受けた選手はカットインやクロスなどの選択肢がある。

ドリブルを仕掛けてパスのタイミングを待つ

　味方選手の動き出しにあわないときは、ドリブルの仕掛けも選択肢のひとつ。ドリブルでボールをキープしながら左右のトップ選手の動き出しに効果的なパスを送る。判断が遅いと、ディフェンスに挟まれてしまうので注意が必要だ。

FWのダイアゴナルランに反応した相手CBのカバーリングによって割れたCB間のスペースを見逃さない

　図のようにMFがピッチ中央でフリーになれたなら片方の（左側の）FWが相手SBの裏にできたスペースへランニングする。相手CBがその動きにつられたのなら、それによってできるスペースがあるはず。この場合、FWのポジショニングと動き出しのタイミングがよくて、そこへ質のいいスルーパスが送り込まれればゴールへ直結するプレーが生み出されるだろう。

IQ 22 ドリブル

効果的なドリブルができるのはどの選手？

ヒント スピードに乗ったドリブルで突破する

　ドリブルは個の力で局面を打開できるプレー。スピードとスペースが備わっていることで、攻撃的なオプションとなる。ドリブルする選手は、相手にカットされないよう効果的な位置までボールを運ぶことが大切だ。

　図の状況ではスローインのポイントから見える選手が、効果的なドリブルを仕掛けることで、数的優位をつくることができる。スローインを入れる選手は、受け手の動き出しにあわせて、トラップしやすい足元か、加速してボールを受けられるスペースに出すことがポイント。

MFが相手FWの背中側のスペースでボールを受け、ドリブルできたら一気に攻撃の可能性は広がる

　自陣のスローインからMFがボールを受け、プレッシャーを受けながらも一人選手をかわせたら非常に効果的なプレーにつながる。MFが個人技（ドリブル）で相手FWのラインをブレイクできれば、相手MFはFWへのパスコースを切るため絞ってくるはず。その瞬間にもう一人のMFはフリーになってボールを受けられる。そこから逆サイドへ展開すると、サイドで2対1をつくるチャンスができる。

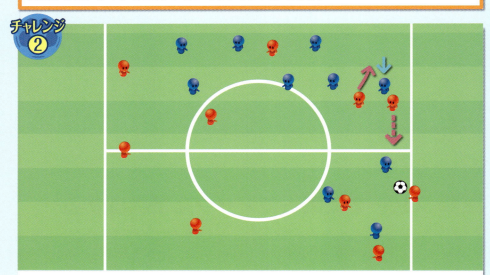

味方がつくったスペースに走り込んでドリブルする

　サイドライン際にいる選手が、スローインのボールを受けるようにしてさがる。この動きに対して、相手ディフェンスがついてきたら、内にいる選手が空いたスペースに入ってボールを受け、ドリブルで縦に突破する。

IQ 23 スルー

どういった場面でスルーすれば スペースが生まれやすいか？

ヒント スルーした選手のマークを混乱させる

　ゴールが近くなると、相手ディフェンスの人数も増えてトライアングルが形成しにくくなる。スペースがないエリアでは、自分に来たパスをあえて受けずに、味方選手に流してから動き出すことで、マークとのズレを生むことができる。マークの一瞬の混乱を逃さず、効果的なオフェ ンスができるよう工夫することが大切。
　この状況ではサイドから入ったボールを中盤の選手がスルーする。そこからの動き出しによって、ペナルティーエリア内で決定的なチャンスをつくることができる。スルー後のパスや動き出しをイメージしてみよう。

チャレンジ ①

2人のFWのポジションが斜めの関係であれば スルーからのチャンスが生まれやすい

　SHがドリブルでカットインしてきたときに、ボールに近い方のFWがボールを受けるアクションをとることで、自らのマークである相手CBを引き出すことができる。（もし相手CBがついてこなければ、ボールを受けてターンできればチャンスができる）最初の時点で遠い方のFWの位置を把握していれば、ボールを受けるフリをしてボールをスルーする。その後、すぐに動きを変えて相手CBの背中のスペースに走りこむ。遠い方のFWは前向きに走りこんできたFWにダイレクトパスを送り、受けたFWはフリーでシュートできる。

チャレンジ ②

後ろにさがって味方に スペースをつくる

　スルーした選手はそのあと、後ろにさがることで自分のマークを引き寄せるプレーも効果的。裏のスペースを味方選手に対して空けさせる。そこに最初のパスを出した選手が侵入し、スルーしたパスを受けた選手がパスを送る。

IQ 24 実戦テクニックのコツ⑤

正確なパスワークで考える力をかたちにする

オフェンス　ディフェンス

ヒント 基本的な技術を徹底的にマスターする

チームとして攻撃する際に「考える基準」として「スペース」という要素があるが、そのスペースを「いつ、誰が、どのように」使うかには選手個人としてもチームとしても「考える力」が必要だ。同時に、考えたことをプレーとして具現化するためにボールを扱う高い技術が必要とされる。

この場合「ボールを扱う高い技術」とはボールコントロールからキックまでの一連の動作に無駄がなく、いつも同じ動作で行えることが必要で、当然パスの方向、強さは正確でなければならない。そうすることで相手ディフェンスにとってはパスコースを読みづらく、ボールを奪うことは非常に困難となる。

次ページ以降では、大宮アルディージャジュニアが実践する練習法を紹介している。ボールを受ける前の動き出しやコントロールしてからの動作、キックの質を全体的にあげていくことで、戦術的ビジョンや攻守において狙いを持ったパスワークを習得できる。

65

チャレンジ ①

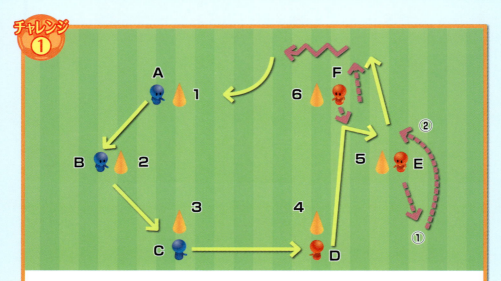

サイドによってボールまわしを変える

コーン6個を設置。Aの選手はBにパス。パスしたら2に移動。同様にBはCにパスして、3へ移動。CはDにパスし4へ移動。DはFにパス。Fはコーンから離れてパスを受け、①②の動作を入れたEにパスを落とし、Eからリターンパスをもらって1に移動する。

チャレンジ ②

ボールまわしの方向を変える

コーンの配置は変えず、ボール回しの方向を逆にする。方向を変えることで、左右の足に得意不得意なくボールスキルが身につく。チャレンジ①と同様、ボールを受ける選手はコーンから離れて、トラップすることですばやく前を向く。

プラス+1 テクニック パスをもらう前にスペースに動き出す

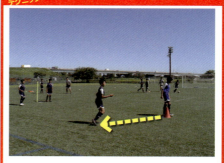

ワンタッチでボールをコントロールし、キックに入ることがポイント。常に同じリズムで動作できるよう、一連の流れを体に覚え込ませる。ボールを受ける前にコーンから離れて、フリースペースでボールを受け取ることが大切だ。

チャレンジ ③

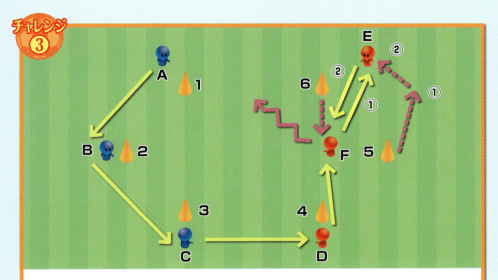

空いているスペースに人が入ってパスをまわす

　前ページと同様にAの選手はBにパス。パスしたら2に移動。BはCにパスして、3へ移動。CはDにパスして4へ移動。Dは三つのコーン内のエリアに入ったFにパス。FはEにパス。このときEは①で予備動作を入れてから②の外で受け、Fにリターンパスを送る。

チャレンジ ④

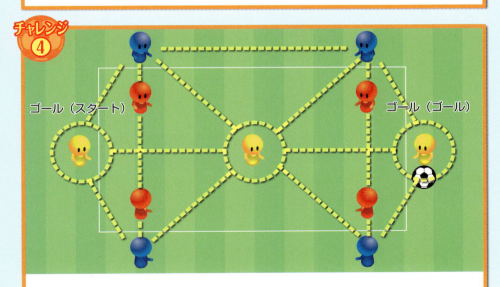

タテパスを意識してパスをまわす

　コートに4人(赤4青4)ずつ入り、縦に黄色のフリーマン三人を配置する。どちらかがボールを保持しつつ、前方のフリーマンにボールをすばやく運ぶのが目的のトレーニング。ボールを奪われたらすばやく攻守を入れ替わる。

PART

ポジションや状況ごとの「考える基準」を身につける

　ポジションやボールの状況によっても、選手はその時々の対応をしなければならない。特にディフェンスをする上での「考える基準」は、チームで共有していなければ組織的な守りができず、守備が破綻してしまう。ここからはゲームのシチュエーションやポジションごとのプレーについて考えてみよう。

　相手ボールをどこで奪うのか、どこに追い込んでいけばラクにボールを獲ることができるのか、チームとしての戦術や方向性、相手との力関係なども把握してプレーすることが求められる。

IQ 25 ラインコントロール

スペースと状況にあった最終ラインの高さは？

ヒント 失点の危険性があるスペースを与えない

　守備でもイニシアチブを握るためにはどのようなサッカーを展開すれば良いだろうか。ボール保持者に簡単に前を向かせない、フリーなスペースを与えないディフェンスが理想だ。そのためには最終ラインからFWまでの3ラインをコンパクトにし、ボールの状況で全体のポジショニングを取っていく。相手の中盤選手が前を向いてトラップしようとしている状況で、「A. サイドの選手が大きく開いている」「B. トップ選手が裏に走り出そうとしている」「C. フリースペースに入ろうとしている」。それぞれのポジションで予測できることを考えてみよう。

ボール中心のポジションをとった上で相手の次のプレーを予測することが重要

　Aの選手に対してはどれ位の高さにポジショニングをとっているかを見極めることが大切。A1の位置ならサイドハーフにボールがわたる時にSBがプレッシャーに間に合うのならボールに寄せる。A2の位置で無理そうならSBはSHにコーチングして遅れてでもボールにいかせること。

　Bの選手は非常に危険で、ディフェンスラインの裏に出るボールに対しては失点の可能性が出てくる。ディフェンスラインの4人は背後のスペースを消す予測と身体の向きをつくり、ボールが出た瞬間にラインを下げてボールに対応しないと失点してしまう。

　Cの選手に対してはボールが最終的に入ってくるスペースによって対応する選手は変わる。ディフェンスライン近くにボールが入ってくればCBがプレッシャーにいき、隣の選手はそのカバーリングに入る。ディフェンスラインがプレッシャーに行けないくらい遠い位置にボールが入れば、MFの選手がプレスバックして対応しなければならないだろう。

IQ 26 ディフェンスの切り方

どちらのコースを切って守る方が効果的？

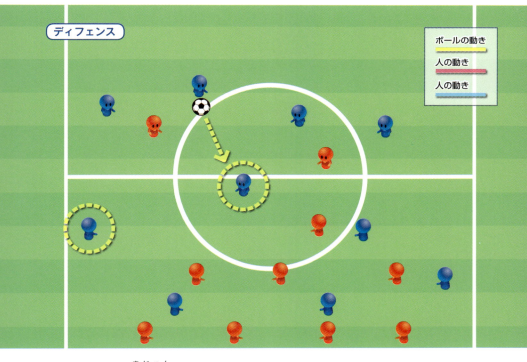

ヒント 守る基準を共有してディフェンスにつく

　守り方としては中を切って、外に追い出すプレーが基準となる。ボールを持つ選手とマッチアップする選手は、中のコースを消して、外に追い出すよう誘導。そうするとこでライン際に相手を追い込み、縦方向のみに攻撃を限定してしまう。

　逆に外を切る場合は、タテの突破を防ぎつつ、中にいるディフェンス選手の数的優位でボールを奪うため、コーチングやカバーリングが大切だ。「ピッチ中央のエリア」「ライン際のエリア」でボールを受けようとしている選手がいる。それぞれ外に切るか、中に切るか、チーム全体としてはどのように守るのか考えよう。

前提としてオーガナイズの中へのパスを入れさせない

　図の様にFW2人の間にパスを通されると、全く規制がかからなくなり、相手MFに様々な選択肢を与えてしまうため、守備側は非常に予測しづらく、ボールを奪うことが困難になる。それでも間を通された時はボールから遠いほうのFWがプレスバックして、少しでも相手の進入を抑えたい。それもできない時は、MF4人とDF4人のラインを崩さず、次に出てくるボールに対しての予測が必要となる。その中でも最も気をつけなければならないのは、ディフェンスラインの背後のスペースへ入れてくるパスで、ディフェンスラインの4人は予測・体の向き・ラインを下げるタイミングなどに細心の注意を払わなければならない。

中央にボールがあると攻撃の選択肢が増える

　中を切って相手を外に追い出すのがディフェンスの基本。中央で相手がボールを持つと、攻撃の選択肢が増え、ディフェンスとしても的を絞りにくくなる。ライン際の狭いエリアに追い出すように、ボールを持つ選手を誘導していく。

外を切って中で数的優位に立つ

　スピードがあるタテへの突破が得意な選手は、外を切って中に人数を増やして対応することも有効。このとき相手をどちらに行かせるのか意思表示せず、中途半端なポジショニングにならないよう注意。カバーリング選手と声を掛け合う。

IQ 27 ボールの奪う位置

チャンスが広がる
ボールを奪う位置は？

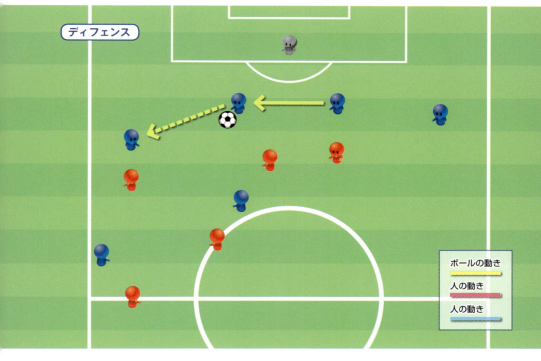

ヒント 相手ゴールに近いほどチャンスが大きくなる

　相手がボールを保持している場合、スペースを消してプレッシャーをかけ続けることで、相手はキックやトラップでミスし、マイボールにすることができる。

　特に高い位置でボールを奪うことができれば、ゴールに近い位置で攻撃に移ることができる。チームとしてボールを奪う位置を明確にすることで、次のプレーの動き出しにもつながってくる。相手ディフェンスラインでのボールまわしに対して、味方FWをスタートにどのようにボールを追い込んでいけば良いだろうか。最終的にはどこでボールを奪い、攻撃につなげていくか考えてみよう。

チャレンジ ①

外から中に入ってくるボールを奪えれば、ゴールに直結する可能性が広がる

　基本的にディフェンスは中から外へ相手ボールを誘導する。ただ、プレッシャーを連動してかけていった後、意図的に外から中へ入ってきたボールを狙いどころにすることで、ゴールに向かってボールを奪うことができ、チャンスを広げることができる。この時、ディフェンス側はお互いの距離を近くし、全体をコンパクトにして攻撃側のSBにしっかりプレッシャーがかかることが前提となる。

チャレンジ ②

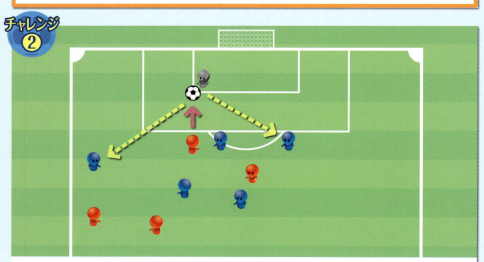

フォワードでの守備は
どちらかのコースを消すことに専念する

　高い位置でボールを奪うことは、ゴールに直結する。フォワードのプレッシャーは大事な要素だが、「ボールを奪う」確率で考えると、計算できるものではない。状況を判断しながら時には、片側だけでもコースを消すプレーに専念することも有効だ。

IQ 28 ロングボールの対応

フォワードを狙ったロングキックを防ぐプレーは？

ヒント 相手より先にボールをさわって防ぐ

　ディフェンスでもイニシアチブを握り、プレッシャーをかけ続けることができると、相手チームはロングボールに頼らざるえない展開になる。

　ディフェンスラインとしては、キックが蹴られる前に背後のスペースを警戒しつつ、半身の体勢になっておく。そうすることで、相手選手よりも先にボールにさわることができる。

　ディフェンスラインでは、センターバックと相手フォワードがマンツーマンのような形になっている。ロングボールが入った場合のセンターバックの対応を考えてみよう。

チャレンジ ①

ファーストボールを競りにいくことは大切だが、セカンドボールを拾うことの方がより大切

相手FWに蹴りこんでくるロングボールに対してCBは、背後にボールが越えない準備をしながらFWとヘディングの競り合いに勝てるようにする。その際に、もう片方のCBと両SBはカバーリングのポジションをとるとともに、擦らされたボールに対応できるよう準備をする。もし、ボールが前方へ落ちたら、MFはセカンドボールを拾えるポジショニングと予測を持つことが重要。

チャレンジ ②

**頭を越えるボールは
キーパーと連携して防ぐ**

頭を越えるようなボールに対しては、相手フォワードの前にすばやく体を入れ、進路を防ぐ。ゴールキーパーの守備範囲なら前に出てキャッチかクリアする。キャッチならキーパーからのフィードに備えてディフェンスラインをあげる。

チャレンジ ③

**サイドバックと連携して
クリアまたはパスをつなぐ**

スペースに出されたボールに対しては、相手より先にボールをさわることが大切。ロングボールが蹴られたとき、足が揃っているとスタートが遅れてしまうので注意。サイドバックと連携して、クリアまたはパスかのプレーを明確にする。

IQ 29 トランジション

奪ったボールをどこに つなげば効果的なプレーになる？

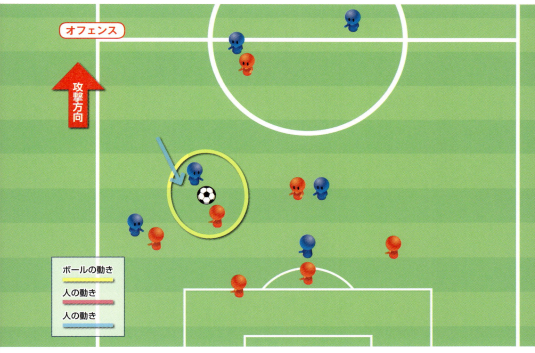

ヒント 奪ったボールは失わず攻撃にシフトする

　ボールがイーブンな状態にあり、攻守が切り替わるようなタイミングを「トランジション」という。相手ボールがマイボールになった瞬間は、再びボールを奪われることなく効果的なパスで攻撃を組み立てていくことが大事。

　特にマイボールになった直後は、味方選手が攻撃への動き出しをはじめている。そのタイミングでボールを失うことは守備に対して遅れが出てしまう。

　中盤の底で相手のドリブルをカットしたシーンでは、いくつかのプレーの選択肢がある。奪った選手が次のプレーでどんなプレーをすべきか考えてみよう。

ドリブルが長くなると相手にプレッシャーをかけられる

　ボールを奪った直後は、相手も取り返そうとして、後ろからでもプレッシャーをかけてくる。再びボールを奪われないことが重要。ドリブルでボールを運ぶことも選択肢のひとつだが、相手の陣形が崩れている今ならパスも有効だ。

焦ったミスパスは攻守が再度入れ替わる

　攻守が切り替わったタイミングは、守備の陣形が整わないためチャンスが拡大しやすい。しかし焦ってミスパスとなるようなロングやミドルキックは注意。せっかくのマイボールを相手に渡すことで、思わぬ形で再び攻撃を受けてしまう。

奪ったボールをマイボールにするために、まず一本パスをつなぐことが重要

　自チームが守備をしていて、ボールを奪った瞬間は完全にマイボールになっていない場合が多い。その理由として、守備をしているときのそれぞれの選手の距離感が近く、その状態でパスをつないでも相手のプレッシャーを受けやすいからだ。ただ、相手のトランジッションをかいくぐるためには、例えバックパスであってもフリーな選手を見つけ、まず一本パスをつなぐ。その間に攻撃のオーガナイズを整え（広がりをつくり）、完全に自分たちのボールにできるようにポジションをとりたい。

IQ 30 カウンターの守備

カウンター攻撃に対してどのように守ればいい？

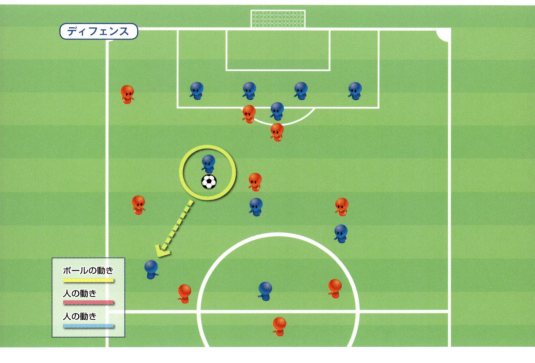

ヒント 相手の攻撃を遅らせつつ帰陣を急ぐ

　ポゼッション率が高いサッカーをしていると、相手チームはロングボールやカウンター主体の攻撃となってくる。特に相手ゴールに攻め入ったところでカウンターを仕掛けられると、スペースはもちろんディフェンスの枚数が揃い切らず、大きなピンチとなってしまう。

　相手の攻撃のスピードをいかに遅くするか、ディフェンスラインをいかに整えるかがポイントになる。
　相手ボールになった瞬間、中盤とディフェンスラインの選手が、どのような動き出しをすれば良いかイメージしてみよう。

ボール保持者に体を寄せてプレッシャーをかける

　ボール保持者に近い選手は、すばやく体を寄せて相手の自由を奪う。ボールを獲れることが理想だが、無理に獲りに行ってしまい、相手に抜かれるようなことはNGだ。相手の攻撃スピードを遅くし、味方選手の戻りを待つ。

カウンターを仕掛けられたら帰陣して守りを整える

　ディフェンスの選手は、全力で帰陣することが大事。これがカウンター攻撃に対する守備の基本だ。枚数を揃えることはもちろん、相手に自由なスペースも与えないよう動きをチェックしながらディフェンスラインを整える。

ボールに近い選手が攻撃を遅らせて他の選手は帰陣する

　攻撃時のオーガナイズと全体のコンパクトな状態をキープすること、トランジションを早めることで、カウンターを防ぐ第一手となる。基本的に攻撃時にボールが前方に進んだのであれば、GKを含めたDFラインはプッシュアップし、コンパクトな状態をキープできるようにする。そうすることによって、前進したボールへのサポートができることに加え、万が一ボールを奪われたとしても、図のように近い距離で切り替えてプレッシャーに移行しやすくなる。それでも相手に良い状態(完全にボールを保持された状態)でボールを奪われ、保持された場合は、ボールに近い選手が攻撃を遅らせる。そして、ゴールから遠ざけられるよう相手を押し出し、他の選手は帰陣のために全力で戻ってスペースを埋める。

IQ 31 守備組織のつくり方

相手の2次攻撃に対して注意しなければいけないポイントは？

ヒント 人とスペースを再確認して守備にあたる

相手の攻撃に対して、しっかりブロックができていれば、パスの出しどころやドリブルのスペースがなくなり、相手はバックパスしかできなくなる。ディフェンスとしては、この状態まで持っていき、次にボールを奪う機会をうかがう。

バックパスと同時にディフェンスラインをあげることが大切。そうすることで相手を自由にさせるスペースを消し、前からボールを追いかけることができる。

相手の二次攻撃に対して、注意しなければならないポイントを考えよう。ボール保持者に対するマークやフリーの選手への対応、空いているスペースがヒントだ。

相手がバックパスをしたらすばやくラインをあげる

　スペースがなければ相手は、バックパスに逃げる。このタイミングでディフェンスラインを押しあげることで、スペースを消すことができ、守備でイニシアチブ(にぎ)を握ることができる。ディフェンスラインの指示のもと全体を押しあげる。

ボールに関与していない選手もケアする

　逆サイドにいる選手は、直接関与していないものの、パス一本で危険な存在となってしまう。マークするディフェンスの選手は、ボールサイドの行方を見つつ、マークする選手の動き出しに対応できるようなポジショニングや体勢で待つ。

すばやく守備組織(しゅびそしき)を再構築(さいこうちく)し、スペースをケアできる態勢(たいせい)を整える

　どこにボールを蹴られてもプレッシャーがかかる状態を再びつくりたいので、図のようなクリアボールであればそのボール移動中に、守備組織を押し上げつつ、自分たちの立ち位置にすばやくつく。そうすることで、コンパクトな組織が再びつくられて、相手の攻撃に対しての防御態勢が整う。

IQ 32 ディレイ

ディレイして攻撃を遅らせるのはだれ？

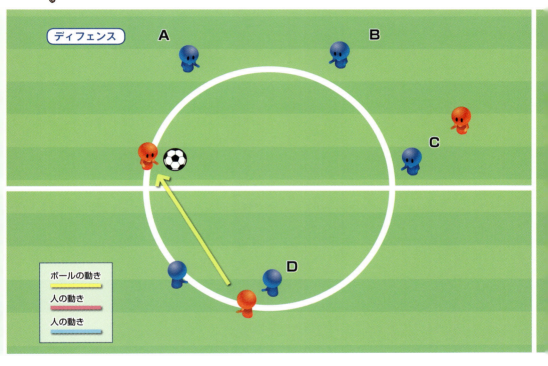

ヒント 外に追い込み攻撃を遅らせる

相手の攻撃に対してディフェンスの人数が足りない、または同数の場合は「ディレイ」というオフェンスを遅らせる守り方ができるかがカギ。ボールを奪いに行かず、外に相手を追い込み、時間を稼ぐ。特にボールを奪われた直後は、帰陣しながらディレイしつつ、その間にディフェンスの人数を増やしてディフェンスラインを整えることがポイントになる。

この状況ではハーフウェーライン際でオフェンスとディフェンスが2対3の状況になっている。ここからABCDはどのように動き、相手の攻撃をブロックして行けば良いだろうか。

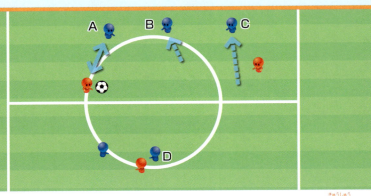

ケアすべき裏のスペースを全員でさがりながら集結して埋めつつ、相手の攻撃を吸収する

　ボールに最も近いAは、相手の攻撃を吸収しつつも、ゴールに直結するプレーをさせない、運ばせない間合いを保ちながら、ゴールから遠ざけるようにしたい。したがって、やや中央のコースを遮断しながら、外に追い出すような追い込み方になるだろう。Bはさがりながら裏のスペースを埋めつつ、Aの背中をカバーリングするために中に絞る動きをすべき。結果、ゴールに向かって斜めに下がる動きになる。Cは全力でDFラインまで戻り、ラインを形成。かつ、Bと同様に裏のスペースをカバーリングしながらゴールに向かって斜めの動きで集結したい。

ディレイしている間に守備態勢を整える

　近くにいるAはディレイしながらマークにつく。このとき外に追い込むようなディフェンスができることが理想。ドリブルする選手が外に遠回りする間に、BがAの背後のポジションに入り、Cは帰陣。Dは自分のマークを見つつ、余っている選手の動きもチェックする。

IQ 33 ゴールキーパーの判断

センタリングやシュートに対するキーパーの対応は？

ヒント 距離が近くなるほどゴールの危険が増す

　ゴールキーパーのミスは、失点に直結する。いかに相手のシュートやセンタリングをセーフティーに処理できるかがポイント。ボール保持者に対して、正しいポジショニングを維持しながら、1プレーごとに、どのような技術で対応し、次のプレーで何をすべきかを瞬時に判断して動作しなければならない。

　いまピッチではセンタリングやシュートの可能性がある。ゴールキーパーは、そのボールに対してキャッチやパンチングで対応しなければならない。どのようなプレーが最適か、考えてみよう。

チャレンジ ①

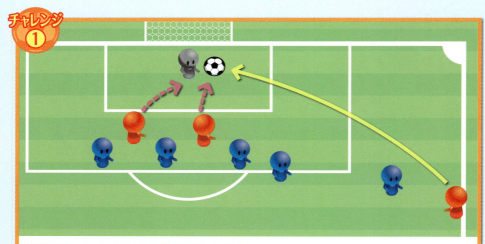

相手のコンタクトをプロテクトする

　ゴールキーパーはプレーエリアを把握し、タイミングとスピードを持って、高いボールには高い位置、低くて速いボールには、できるだけ早くボールに寄る。その際、相手のコンタクトプレーに対して、負けない体の準備をする。そのためにも間接視野を使い相手の動きを把握することが大事。コンタクトするときは、ヒザを曲げて体とボールを相手から守れる距離を測ることも重要だ。

チャレンジ ②

パンチングやフィスティングで頭上を越えるボールを弾く

　横からのセンタリングには、キャッチやパンチングが可能。中で相手選手が待っているなら、位置によっては飛び出さずシュートに備える。頭を越えてくるようなセンタリングに対しては、パンチングやフィスティングでゴール外に弾く。

チャレンジ ③

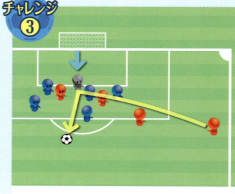

前に飛び出して相手より先にさわる

　ゴールからやや遠い位置からのセンタリングには、前に飛び出してのパンチングやキャッチが可能だ。利き足によってボールの軌道が向かってくるのか、離れていくのか注意が必要。前に出たら確実に相手より先にさわる。

IQ 34 ゴールキーパーのポジショニング

クロスやシュートに対して どこにポジショニングする？

ヒント ボールの勢いや軌道を冷静に判断する

　ゴールキーパーは高い身体能力や技術があっても、正しいポジショニングができていないと相手のシュートやセンタリングに対して、反応することが難しい。ボール保持者を見て立ち位置を決め、次のプレーを予測することですばやくボールに対して反応できる。

　図の選手配置では、シュートやセンタリングの可能性がある。ゴールキーパーは、そのボールに対してどのようなポジショニングをとれば良いだろうか。ピッチ上の選手の配置から、次のプレーも予測しつつ、ゴールキーパーとしての対応策を考えてみよう。

87

状況を把握し、予測してポジションをとる

ボール保持者と相手、および味方をボールの移動中に、瞬時に把握する。同時にゴールと自分、ボールの位置関係、キッカーの状態を相手キッカーがボールを蹴る直前までできるだけ早く把握する。(コーチングをしながら) キッカーの蹴り方、蹴る足を観て、軌道を良く観てタイミング、スピードに合わせることが重要。

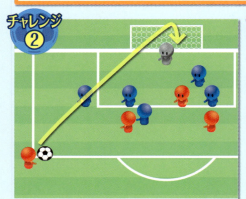

ゴールに向かってくるクロスは頭を越されない

ゴールに向かってくるクロスは、はやめにボールに対してアプローチしたいところ。しかし、前に出ることを意識しすぎて、頭を越されないよう注意。前後どちらにも動き出せるようボールの軌道や勢いをみてポジショニングを微調整する。

ニアサイドを絞りつつゴール外に弾く

相手がシュート体勢に入ったら、ゴールに対してニアサイドを固めるのがセオリー。そこからファーサイドに対しては、できる範囲でボールに反応する。キャッチが理想だが、パンチングやフィスティングでゴール外に弾くだけでも良い。

IQ 35 ゴールキーパーのフィード

どこにフィードすれば カウンター攻撃が決まる？

ゴールキーパーがキャッチして すばやくフィードする

ボールの動き
人の動き
人の動き

ヒント ドリブルのスピードが落ちないフィードを出す

ゴールキーパーのボールキャッチは「攻守の切り替わり」のタイミング。キャッチしたポイントから、すばやくフィールド選手にパスすることで、味方チームのカウンター攻撃をスタートできる。キャッチしてからただパントキックを蹴るだけでは、攻撃にはつながらない。

相手のコーナーキックを前に出てキャッチしたシーン。味方選手がカウンターの動き出しをはじめている。相手選手の配置を見ながら、効果的なカウンターになるパスコースを考えてみよう。その際、どのようなパス（足や手、浮き球、ゴロ）でボールを出すのかイメージする。

89

チャレンジ ①

ゴロのフィードで足元にすばやくつなぐ

　ゴールキーパーが前に出てキャッチした時点で、相手選手よりも前に出ている。すばやくフィードすることで数的有利になることは間違いない。この場合、中央にいる中盤選手に足元へのゴロのフィードでカウンター攻撃をスタートできる。

チャレンジ ②

サイドのスペースに走りこんだ味方を使う

　ゴールキーパーがコーナーキックを直接キャッチできたとき、カウンターのチャンスが生まれる。この場合左右のスペースが空いているので、残っている選手2人が左右違う方向に走ることが大切。そうすることによって相手ディフェンスの対応が難しくなる。2人のフォワードは外に開きながら弧を描くように走ることで、次のタッチでゴールへ向かうコントロールが可能になる。

IQ 36 ゴールキーパーからのキック

どんなキックをすれば攻撃につながる？

プレッシャーがなければ
ゴールキーパーはドリブルして
前からキックする

攻撃方向

ボールの動き
人の動き
人の動き

ヒント 攻守の枚数を考えてキックする

　ゴールキーパーのキックは、攻守の切り替わりとなる重要なプレー。精度の低いプレーで相手にボールを渡すのでなく、明確な意図や狙いを持ってキックすることが求められる。基本的なパントキックやドロップキック、精度が高いボレーキックを状況によって使分ける。

　ゴールキーパーがボールキャッチし、手にボールを保持している状況。相手ディフェンスはハーフウェーラインより後ろでラインを形成している。ゴールキーパーはどこを狙い、どんなキックをすれば攻撃につながるプレーになるだろうか。

チャレンジ ①

トップの選手の頭を狙ってキックする

　単純に中央にいるトップの選手の頭を狙って、パントキックを入れる。頭ですらしたボールをサイドの選手が走り込んで、ゴールに迫る。滞空時間が長すぎるとディフェンスに頭でクリアされたり、裏に抜ける選手もマークがついてしまう。

チャレンジ ②

サイドのスペースに蹴って味方選手を走らせる

　左サイドのスペースを有効に使う。ドロップキックやサイドボレーなど、コントロールができて味方選手がボールに追いつくことができるスピードで出すことがポイント。追いついたところから中へのセンタリングやドリブルで仕掛ける。

チャレンジ ③

残っているDFの人数やどこにスペースがあるかでキックの種類は変わる

　図のような選手の配置となると、相手左サイドバックが絞っているので外側にいるサイドハーフに低くて速いボールをつけることでサイドのポイントでフリーマンをつくることができる。もし、相手ディフェンスラインが高くて背後にスペースがあるならば滞空時間のある高いボールでフォワードに競らせて、擦らしたボールをもう一枚のフォワードが走りこんでチャンスをつくるという可能性もある。いずれにせよボールを受けた選手にアドバンテージを与えられるかどうかは、ゴールキーパーのキックの種類(質)にかかってくる。

IQ 37 実戦テクニックのコツ⑥

半身になってマークとスペースを同時にケアする

ヒント ドリブルの仕掛けに対して半身で構える

　ディフェンダーには相手と駆け引きしながら、決定機をつくらせない、シュートを打たせない守備が求められる。中盤より前の選手によってボール保持者にプレッシャーがかかっていれば、ディフェンスラインをあげて、相手のスペースを消すことも有効だ。

　相手がドリブルで仕掛けてきたら、1対1のマッチアップで抜かれず、カバーに入った選手はパスコースや相手の次のプレーを予測することがポイントになる。相手から目を切らさず半身となって、スペースをケアする構えからチャンスがあれば、積極的に体を寄せてボールを奪う。

実戦テクニック⑦

マークとボールの行方を同時にチェックする

相手との適度な距離をとる

クロスステップなどを使い、スピードに遅れない

半身になって
どちらでも動けるよう準備する

　ディフェンダーは、自分のマークする選手をケアしながら、相手選手のボールの持ち方でパスを出せる状態にあるかどうかを判断しなければならない。半身となることで、その両方をチェックし、相手の動き出しにも自在に対応できる。

ヒント 半身になってマークとボールを視野に入れる

　自分のマークにパスが入りそうな状況では、半身の体勢になって相手選手をケアし、ボール保持者も視野に入れる。相手のスピードについていけず、裏のスペースをとられないように注意することが大切だ。

マークとボールから目を離さない

相手との距離をキープする

両足が揃ってしまうと動き出しに遅れる

　両足が揃って棒立ちになってしまうと、一歩目の動き出しに遅れてしまい、一瞬のスピードで置いて行かれてしまう。マークする相手、蹴ってきたボールに対して前後左右すばやく反応できるよう、しっかり構えて準備すること。

PART

5

効果的なセットプレーで
サッカーの質を向上させる

セットプレーは、サッカーの得点の約三割を占めるといわれ、精度の高いキッカーや身長の高い選手を揃えるチームは、優位に進めることができる。

しかし、何も意図しないボールをただ放り込むだけでは、ゴールに結びつかない。キッカーを中心に効果的なセットプレーを考え、得点力をアップしよう。

ディフェンスに関しても、ゴールキーパーやディフェンスラインを中心に守備をオーガナイズさせることか大事。相手のフリー選手をなくし、ギリギリのところで失点を防ぐことが勝利の秘けつだ。

IQ 38 コーナーキック

ゴールに向かう軌道で狙うポイントはどこ？

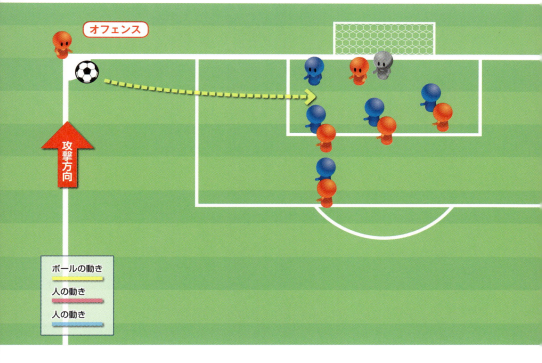

ヒント あわせる選手は走り込んでエリアに入る

コーナーキックは、背の高い選手を揃えるチームにとっては、貴重な得点源となるプレーだ。事前にボールの蹴る位置や走り込むタイミングを決めておけば、精度の高い攻撃が可能となる。

ポイントとなるのがキッカーの利き足とキックの精度、ボールの速さだ。ゴールに向かうような、速いボールを蹴ることができれば、それだけで相手ディフェンスやゴールキーパーにプレッシャーをかけることができる。

右利きのキッカーがインフロントで曲がるようなキックを入れる場合、狙いどころとなるポイントを考えよう。

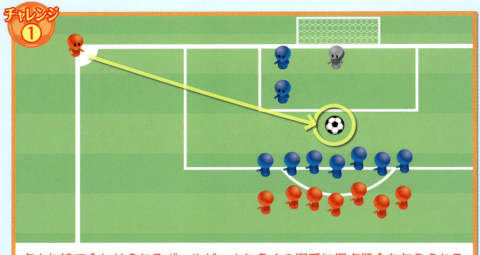

点より線で合わせられるボールが、より多くの選手に得点機会を与えられる

ゴールエリアのラインとペナルティスポットの中間に相手ゴールキーパーが出てこられないようなライナー性の早いボールを入れる。もし味方の選手がタイミングよく入ってくれば、入ってきた選手全員にシュートチャンスが出てくる。キックの軌道はニアに立つ相手ディフェンス(ストーン)を越えることが最低条件となる。

ニアサイドに走り込んで決める

速いボールをニアに走り込む選手に、頭で後ろにすらしてもらう。角度はないが、高い打点であわせることができれば、ゴールキーパーは反応しにくい。ゴールマウスを外しても、ファーにつめる選手がいれば押し込むこともできる。

長いボールをファーに入れる

ディフェンスの意識がニアに集中していれば、ファーにもチャンスがある。ゴールキーパーが出ることができないスピード、高さでボールを入れる。フリーの選手にあえば直接ゴールを狙ったり、ボールが長くても折り返すことができる。

IQ 39 コーナーキックの守備

どこに選手を入れて守備を完成させる?

ディフェンス

ボールの動き
人の動き
人の動き

ヒント 役割を明確にして守る

　コーナーキックは、ディフェンスから見ると油断できないピンチだ。特に精度の高いキッカーと高い身長の選手がいるチームは、迫力のある攻撃を仕掛けてくる。ディフェンスするチームは、ゴールキーパーを中心に組織的なディフェンスをして、跳ね返すことがポイント。

　ゴールマウスのニアにフィールド選手がひとり入り、ほかの選手は自分のマークにつくことが基本となる。
　右利きのキッカーがゴールに向けて曲がる軌道で蹴ってきた場合、あと何選手かのディフェンスを追加してコーナーキックの守備を完成させる。

ニアポストとストーンのみ入れて、後はマンツーマンかゾーンで対応する

　基本的にニアには一人を立たせて、もう1人はストーンをニアポストの延長線上に立たせる。この2人に関してはきたボールを跳ね返すという役割で、残りの選手に関してはマンツーマンなら責任をもって自分の担当の選手にしっかりついていく。ゾーンなら自らが受け持つエリアにボールが入ってきたら「OK!」などの掛け声とともにボールを弾きにいく。

相手のターゲットを自由にしない

ターゲットとなる選手を密着マークする

　ゴール前の好位置で待ち構えているのがフォワードの選手。高さがあり、キックのターゲットとなる選手だ。高い打点にピンポイントであわせられないようマークする選手は、ボールと相手との前に入り、体を寄せてジャンプさせない。

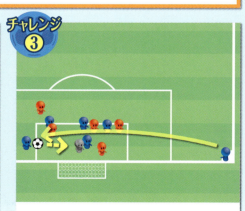

ファーサイドにいる選手の二次攻撃に注意する

　ファーサイド奥にいる選手は、ゴールから遠いためシュートの危険性は低い。しかしゴール前に走り込んできたり、こぼれ球につめられたりしないようケアする。マークする選手は密着するのでなく、スペースをケアする程度で良いだろう。

IQ 40 ショートコーナー

ショートコーナーのキックをどこに入れて、誰が動く？

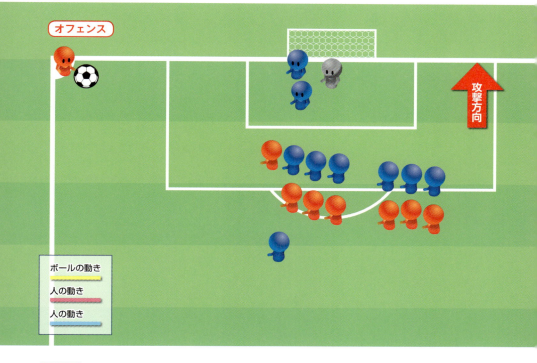

ヒント キッカーを意識させてフリーをつくる

　相手の守備がゴールキーパーを中心に組織的(そしきてき)で、人にも強い場合はゴールをこじ開けることは難しい。相手の守備の目先やリズムを変える上でもショートコーナーを使うことが有効だ。

　コーナーキックのキッカーに、ひとり選手が寄せて短いパスを受ける。そのボールをすばやくリターンして、キッカーがゴールに向かうクロスを蹴り込むのがショートコーナーの基本形だ。

　ショートコーナーからのキックで、どのようにペナルティーエリア内で崩していくか、パスや動き出し、戦術パターンなどを考えてみよう。

ショートコーナーで一度目線をボールに向けさせ、空いたスペースに入れる

相手選手に高い選手が揃っていたり、コーナーキックで普通に入れても得点が難しそうなときは、ショートコーナーで相手のバランスを崩すなどの工夫が必要。直接ゴール前にキックを入れると見せておいて、1人の選手がボールに寄せてボールを受ける。コーナーキックを蹴った選手はすぐにサポートに入り、(できれば角度を変えてリターンパスをもらい)ファーサイドにボールを入れる。一度ボールをつけることで目線をボールに集中させて、相手ディフェンスの背中をとりやすくすることが目的となる。

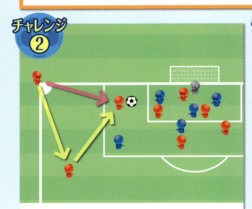

パス交換からペナルティエリアに侵入する

リターンパスを出した選手とキッカーがパス交換することで、コーナーからペナルティエリアに侵入する。よりゴールに近くなることで、マイナス気味の速いゴロでのセンタリングも有効。足先でさわるだけで得点になる。

中盤に戻してつなぎ攻撃を組み立て直す

ペナルティーエリア外にいる選手にボールを流し、ダイレクトでのミドルシュートも有効。MFが再度攻撃を組み立てたり、サイドチェンジで大きく展開できれば、逆サイドにいる選手の折り返しなどの二次攻撃も可能だ。

IQ 41 フリーキックの守備

壁を何人立てて どこをケアする?

ディフェンス

ボールの動き
人の動き
人の動き

ゴール正面 約20m

ゴール左 約23m

ゴール右 約28m

ヒント キッカーにプレッシャーがかかる壁を立てる

　フリーキックはゴールまでの距離や角度、キッカーの利き足によって、壁をつくってシュートコースの一部を消す。ポイントがゴール正面に近く、距離が縮まるほど、壁の枚数が増やして対応する必要があるため、ゴールキーパーにはすばやい判断力が求められる。

　ゴールキーパーは壁を越えてくるキックを想定しつつ、壁が立っていない手の届く範囲は、確実に防ぐことを意識する。

　フィールド上には三か所、フリーキックのポイントがある。どれもキッカーが直接狙える距離だ。壁を何枚立て、どこをケアするかイメージしよう。

チャレンジ ①

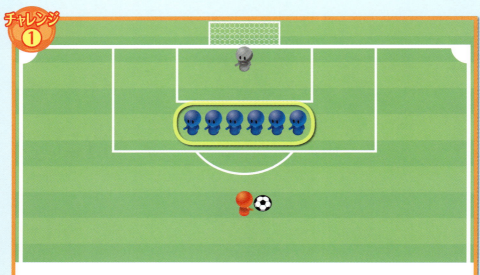

ボールの位置で壁の枚数やケアする要素は変わる

　壁の枚数は、6枚～7枚。左利きの選手。キーパーから見て、左側をケアするように壁を作る。様々な考え方があるが、壁はジャンプしない。足の下を抜けてしまうとGKは対応しづらい。壁の両側に、スペースと相手をケアする選手の配置も忘れない。

チャレンジ ②

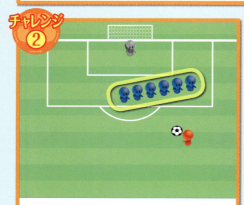

　壁の枚数は、5枚～6枚程度。ゴールキーパーから見て左側をケアする。角度があるので、トリックプレーもある。ゴールキーパーは、壁の上、フォアサイドへのシュート対応ができるポジショニングをとる。普通のシュートのときとは違い、幅を守るイメージ。ゴールラインギリギリに立つ。キャッチよりも弾くプレーのイメージを持ちながら準備しよう。

チャレンジ ③

　壁の枚数は、3枚程度。ここの位置からは、直接よりもクロスボールがゴール前に入ってくるイメージ。3枚の壁＋ニアのゴールポスト延長線上にストーンを置くこともある。壁には、サイドハーフやフォワードなど攻撃的な選手をいれて、マンツーマンにディフェンスを得意とした選手を配置する。ディフェンスラインも簡単に下げ過ぎない。

IQ 42 フリーキックの攻撃

キーパーの裏をつく効果的なキックは？

> **ヒント** ゴールキーパーの予測を超えるプレーがゴールになる!?

ペナルティーエリアのすぐ外ゴールまで約20mからのフリーキック。距離は近いが角度があり、壁が4枚ついている。ゴールキーパーは、壁を越えてくるゴール隅のシュートを警戒している。

精度の高いキッカーがいるチームは、ゴールの両角は狙いどころとなる。右利きのキッカーの場合、ゴール右隅を狙うときは壁の外から巻いてくるような軌道のシュートが求められる。効果的な直接フリーキックの狙いどころやボールの軌道、エリア周辺にいる味方選手へのパスなどゴールに直結するプレーを考えてみよう。

チャレンジ ①

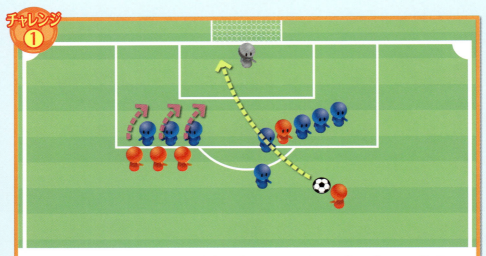

スペースに走りこんでくる味方に合わせるイメージでゴールを狙う

　左利きのキッカーの場合は、味方の選手に合わせるイメージを持ちながら、ファーサイドを狙う。味方選手に合わなくても直接ゴールに向かうようなキック。相手ゴールキーパーにとってこのようなキックは、直接ゴールを狙ってくるのか、選手に合わせてくるのかという、2つの予測を持たなければならないため対応が難しくなる。

チャレンジ ②

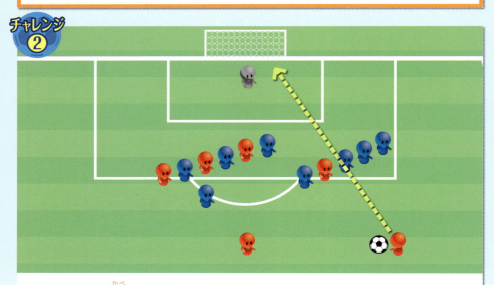

ジャンプした壁の下をゴロのシュートで狙う

　このフリーキックは2018ロシアワールドカップのコロンビア戦のシーン。キッカーは、キックにあわせてジャンプした壁下をゴロのシュートでゴール右隅に決めた。ゴールキーパーの予測を超えるフリーキックとなった。

IQ 43 距離のあるフリーキック

距離があるフリーキック どこに蹴ればいい?

直接狙うのは
難しい距離のフリーキック

ヒント ピッチを広く使って攻撃に角度をつける

　ゴールまで距離があるフリーキックの場合、よほど精度の高いキックがないと直接ゴールをこじ開けることはできない。一度、近い味方選手にパスを出し、そこからビルドアップするか、開いている選手につないで攻撃を組み立てる方が得策だ。
　フリーキックを直接狙えるか微妙な距離であっても、相手ディフェンスが壁を立ててくることがある。その結果、ゴール前の選手に数のギャップやズレが生まれ、キッカーから見てもフリーな選手が見えてくることもある。
　この場合もサイドにフリーの選手がいる。どこを狙って蹴ればいいだろうか。

角度をつけてサイドからのクロスを狙う

　ゴールまでの距離がある場合、直接ゴールを狙うのは難しい。相手ゴールキーパーとディフェンスラインの間に蹴り、中に入る味方に合わせることも可能だが高いキックの精度が要求される。角度をつけてサイドからクロスを狙うことにより、ゴールに対して勢いをもって飛び込むことができるし、タイミングも測りやすい。

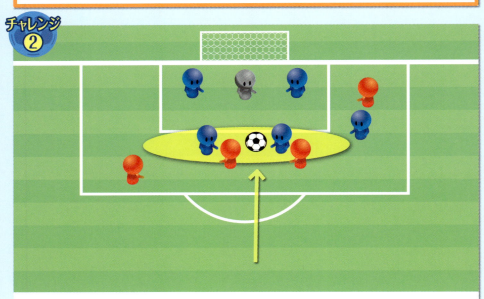

ゴールキーパーが出られない位置にボールを入れる

　ゴールキーパーとディフェンスラインの間に浮き球パスを落とし、足や頭でコースを変えるようなシュートも有効。

戦術フォーメーション

システムのなかでトライアングルを理解する

ボールに対して周りの選手が、正しいポジションをとり続けることを意識する

攻撃を行う上でボールに対して周りの選手が常に2つ以上のパスコースをつくることを意識する。例えばセンターバックがボールを持ったときに、サイドバックと中盤の選手がパスコースに入ってくる。

サイドバックが持ったときは、サイドハーフと中盤の選手がパスコースに入る。

サイドハーフが持ったときは、フォワードとサイドバックがパスコースに入るなど、常に隣の選手はパスを受けられるポジションをとること。

同時に自分のマーカーとの駆け引きでフリーになれないとインターセプトされたり、プレッシャーを受けてしまう。

109

PART

6

テクニックとアイディアで
ゴールを奪う

　限られたスペース内で、人数を揃えてブロックしているディフェンスに対し、ゴールをこじ開けるには、高い技術があることはもちろん、ときとして一瞬のひらめきやアイディアが必要だ。

　特にレベルの高い試合では、相手のミスに期待するのではなく、オフェンス側のチームが、明確に「崩す」意図を持って仕掛けていくことが重要だ。

　これまで学んできた人の動きやスペースを生かし、基本テクニックをベースとした決定的なチャンスやゴールシーンについて考えてみよう。

IQ 44 ゴール前の崩し

シュートを決める確率が高い選手はだれ？

ヒント マークがいない選手にフリーで打たせる

ボールを持った選手が前を向き、それにあわせて複数の選手が動き出せば、チャンスは大きくなる。フィニッシュはゴールの確率が、もっとも高い選手がチャレンジすることが理想。そのためにはボールに関わる選手が、お互いのポジショニングを把握(はあく)しておく。

図は相手ペナルティーエリア付近まで迫ったところ。ボールを持つ選手が次はどこにパスを出すかで、さまざまなシュートシーンがイメージできる。最もシュートを決める確率が高い選手が、誰かを考えてみよう。

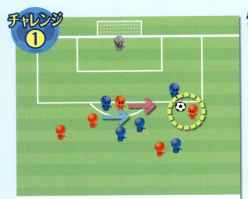

マークされている選手はボールに寄ってスペースを空ける

　サイドで受けた選手はこの場合、味方選手が近いので、シンプルにゴロのセンタリングを入れる。これに対して中央でマークがついている選手は、シュートを打つようにみせかけてボールに寄ってから、スルーで後方の選手にパスを送る。

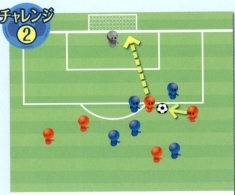

ダイレクトで打つか条件の良い選手に打たせる

　先にさわることができれば、中央の選手のダイレクトシュートも有効。マークにコースを切られていれば、ゴールに対して角度が限定されるため、より高い確率でシュートを打つために、相手をかわす予備動作を入れる。

味方がつくったスペースに走り込んでボールを引き出す

　ゴール前はディフェンスの人数も多く、フリーでシュートを打つことは難しい。得点の確率を上げるにはフリーでシュートを打てる状況をつくることが大事になる。そのためにはゴール前のわずかなスペースをつくる動きと、そこを使う動きがタイミングよく行われることで得点チャンスは広がる。

IQ 45 エンドライン際からのパス

エンドラインから どこにパスを出せばいい?

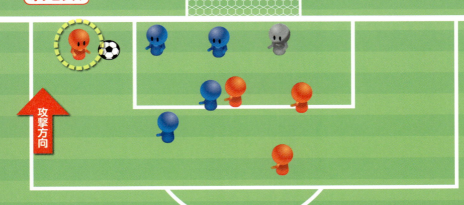

ヒント ゴール前を固める相手の意表つく

　コーナーフラッグを目掛けて出されたようなロングパスやショートコーナーからのリスタートは、ピッチの奥行きを使うプレーが可能になる。

　しかし直接ゴールは狙いにくく、ゴール前にディフェンスも集中しているので、ゴールをこじ開けるには工夫が必要だ。

　特に走り込んでからのセンタリングは、スプリント後のプレーになるので精度が落ちやすい。軌道や高さをコントロールしなければならない浮き球より、低いゴロのパスが有効だ。このときボールを持った選手は、誰を狙い、どのコースにパスを出すことが効果的だろうか。

113

チャレンジ①

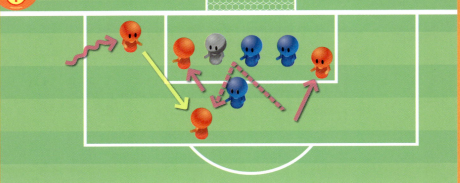

ニア・マイナスのポジションに入ればフリーになりやすい

　サイドバックやサイドハーフがドリブル突破し、エンドラインまでボールを運ぶことができたら大きな得点チャンス。このとき、相手ディフェンスは失点しないためにゴール前のスペースを消してくることが予測できる。相手を引きつけるためにゴール前に入る選手は必要だが、途中まで入るように見せかけてから後ろに下がり、マイナスのクロスから狙うとボールと相手ゴールキーパーの動きや位置を見ながらシュートを打つことが可能になる。

チャレンジ②

後方から走り込んでくる選手にマイナスのパス

　後方から走り込んでくる選手へのマイナスのパスは、効果的だ。ゴールに対しても広い視野と角度が保てるのでシュートは打ちやすい。しかし相手ディフェンスに当たってしまったり、ゴールキーパーの反応できる範囲内だとゴールは厳しい。

チャレンジ③

マイナス気味のパスでファーポストの選手に出す

　ファーポストでフリーになっている選手がいる。危険なエリアにボール保持者がいるため、ディフェンスは意識がボールに集中し、フリーの選手に対してケアすることができない。ややマイナス気味なクロスを浮き球でゴール前に入れる。

IQ 46 タテパス

タテパスを受けた選手は次にどんなプレーをする？

ヒント 危険なタテパスが守備を混乱させる

　トラップはワンタッチでボールをコントロールし、すばやく次のプレーを選択することが基本。このとき意識したいのが、よりゴールに近いところにいる選手へのパスだ。そのためには瞬時の判断で、効果的なタテパスを出せることがポイント。人の動きやスペースを上手に使うことで、フィニッシュまで持ち込むことができる。

　ボールを奪った直後、バイタルエリア手前で効果的なタテパスが入った。次にパスを受けた選手はどのようなプレーを選択し、それ以外の選手はどう動き出せば良いだろうか。

チャレンジ ①

優先事項の最初は自らがターンすること

バイタルエリアでタテパスを受けたら、左図のようにまずはターンからのシュート、またはスルーパスを狙うことで得点に直結したプレーができる。右図のように、もしターンができない状況であれば、前向きにサポートにきた選手をシンプルに使う。受け手がターンできないということは、相手ディフェンスがついてきているということなので、その背中に3人目の選手が走りこめばチャンスとなる。

チャレンジ ②

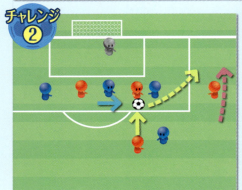

相手ディフェンスが動いて空いたスペースを使う

バイタルエリア手前という危険なエリアにタテパスが入ったことで、相手ディフェンスはボール保持者にプレッシャーが集中する。横並びとなっているフリーの味方選手は、寄せてきたディフェンスの裏の空いたスペースに動き出す。

チャレンジ ③

外への展開パスでサイドから崩す

タテパスを受けた選手が前向き、ボールをコントロールできていればドリブルでの仕掛けも有効。サイドの空いたスペースを使い横から崩すこともできる。横並びのフリー選手がゴールに向かうことで、裏のスペースを空けることがポイント。

IQ 47 サイドからの展開

バイタルエリアから どんなパスを出せばいい?

ヒント ダイレクトパスで攻撃をスピードアップ

　相手ディフェンスがコンパクトに守備を固めていれば、ゴールネットを揺らすことは簡単ではない。オフェンス側はポゼッションしていてもバックパスやサイドに一旦ボールを預けてから、再度攻撃を組み立てる。このとき攻撃のリズムを変えることも重要。パスのスピードやタイミングにアクセントをつけて、味方の動き出しのきっかけをつくったり、相手ディフェンスを混乱させる。

　バックパスからバイタルエリアにパスが入ったシーン。受けた選手の次のパスとまわりの選手の動き出しをイメージしてみよう。

スペースをどのように空け、使っていくかが明確になるパスを出す

　（左上）味方がフリーであれば足元に強いパスを出せばよりゴールに近い位置でターンできる。（右上）味方がフリーになり切れてないときは、スペースへ流して相手ディフェンスを引き出すようなボールをつけて、どこにスペースができるか見極めたい。（左下）相手のMFがはじめからフォワードについているならば、深い位置のフォワードが受けやすい斜めにボールを入れる。それに対して前向きサポートでボールを受けられたら得点チャンス。

危険なエリアにパスを入れ相手の意識を引きつける

　バイタルエリアにボールが入ったことをきっかけに、二度のダイレクトプレーでボールがつながれば、相手ディフェンスは対応に追われてしまう。危険なスペースにダイレクトでボールを入れ、相手の意識を向けさせることで崩していく。

IQ 48 サイドからの崩し

開いている選手を使う効果的なパスは?

オフェンス
攻撃方向
サイドアタックをうまく使う
ボールの動き
人の動き
人の動き

ヒント しっかり崩してからクロスをあげる

　サイドの選手が精度の高いセンタリングをあげるためには、できるだけフリーの状態で中の選手を狙ってキックできることがカギになる。サイドのスペースにパスを出す前に、出し手はアクセントをつけることを意識する。

　右サイド寄りで中盤の選手がパスを受けたシーン。右サイドの選手は開いているので、足元や裏のスペースにパスを出すことが可能。ただし、そのままクロスをあげても、ディフェンスの枚数が揃っているのでひと工夫が必要だ。出し手やパスを受ける選手は、次にどのようなプレーをイメージすれば良いだろうか。

チャレンジ ①

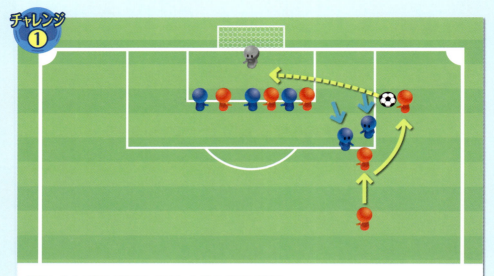

短いくさびのパスからサイドを走らせる

　サイドでは実質2対1の状況ができている。サイドに展開する前に、短いくさびのパスを入れて相手を引き寄せる。受けた選手は外にボールコントロールして、タテのスペースにボールを入れてサイドの選手を走らせてフリーにする。

チャレンジ ②

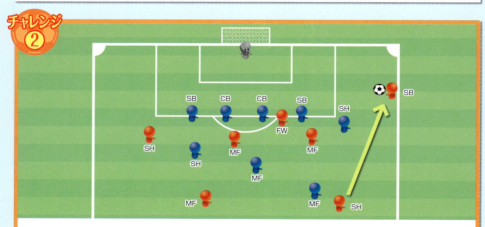

ゴールを目指すことで相手の中央への集結を生み、サイドの選手がフリーな状況になる

　ボール保持者が図にあるようにフリーな状況であれば、狙うべくはより深い位置へボールを進め、ゴールに近づくこと。結果、相手の集結が中央に生まれることになり、サイドに開いた選手は、よりフリーな状況(よりスペースがある状況)でボールを受けることになる。効果的なパスとしては、相手サイドバックの背後のスペースをつくボール。または、相手の前を通過する軌道であっても、ディフェンスがプレッシャーにいけないくらいのスピードあるボールをつけられたら、受けた選手はプレーしやすい。

IQ 49 アーリークロス

ゴールから遠い位置からのクロスでどう崩す？

ヒント アーリークロスにピンポイントであわせる

　相手のディフェンスが組織的でサイドから崩せないときは、やや後ろからボールを入れるアーリークロスも有効。ディフェンスのクリアに阻まれないよう、出し手と受け手がしっかり意図を持ってプレーすることで、正確なクロスにピンポイントであわせることができる。

　中盤からのバックパスがサイドに入ったシーン。なかでは3対3の状況ができ、左サイド、中央、右サイドで選手が待っている。パスの出し手はどこに、どのような意図を持ったアーリークロスまたはパスを入れてディフェンスを崩していけば良いか、考えてみよう。

121

チャレンジ①

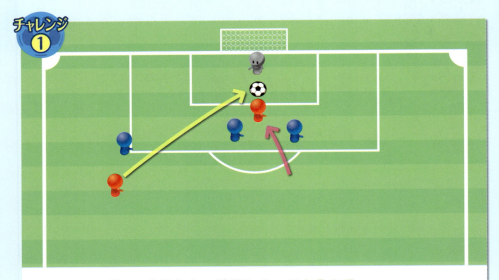

ゴールキーパーの出られない位置にクロスを入れる

　オフサイドラインからややさがっている中央の選手は、斜め前に走り込むスペースがある。相手ディフェンスより前に入ることができれば、ピンポイントであわせることができる。クロスが深すぎるとゴールキーパーが出てくるので注意。

チャレンジ②

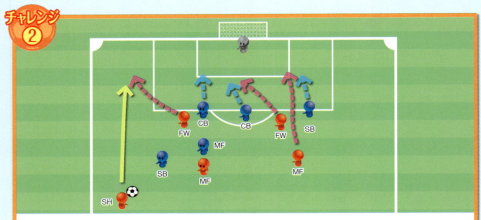

まずは早めにクロスを上げるべき状況かどうかの見極めが大切

　早めにボールを入れ込む必要性があるのか、そのボールがゴールに結びつく可能性がどのくらいあるのか見極めなくてはならない。（試合終盤に負けている状況下であれば、プレーを選択する基準として早めにボールを前線に送り込む必要性がある）図のような状況であれば、相手のディフェンスはクロス対応の準備ができている。一方で同サイドのスペースが空いているので、そこへ一度ボールを運んでからクロスという方法もあり、ディフェンスにとってボールと相手の同一視が難しくなる分、得点の可能性は広がる。

IQ 50 カウンター

パスカットした選手は どこにボールを運んで攻める?

ヒント 数的状況とスペースをうまく使う

　攻守が切り替わってからのすばやいカウンターは、確率が高い攻撃ともいえる。守備からもイニシアチブを握るサッカーができていれば、意図的にカウンター攻撃を仕掛けることができる。ボールを奪った選手を起点に、まわりの選手が動き出すことで、一気に相手ゴールに迫ることがポイント。

　ハーフウェーライン付近のパスをサイドハーフが奪ったシーン。ここでは3対3が形成され、ビックチャンスの状況となっている。カットした選手はどのようなプレーを選択し、ボールを持たない選手はどのように動けば良いだろうか。

チャレンジ ①

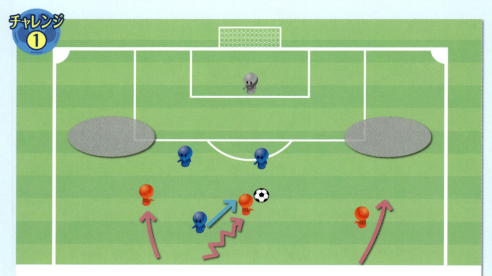

ドリブルを仕掛けて時間とスペースをつくる

パスカットした選手は、ゴールに向かって斜めにドリブルを仕掛ける。これ対してディフェンス二人が、中央のスペースをケアしながら帰陣するのでスペースができる。ドリブルは、まわりの選手があがる時間とスペースをつくることができる。

チャレンジ ②

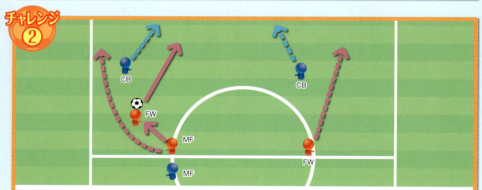

効果的なカウンターを生み出すために守備のオーガナイズを整える

よりスムーズに守備から攻撃に移行するためには、前向きにボールを奪える状況があることが大前提。良いポジショニングから連動し、前向きでボールを奪えたなら、できるだけ早く攻めることが求められる。前線にいるフォワードに早くボールをつけ、そのままサイドのスペースに走り数的優位の状態をつくる。相手の両センターバックはゴールへの最短距離を抑えにくるので、その間のスペースに向かってドリブルを仕掛けつつ、両サイドにサポートが来るまで時間を作りたい。3対2の状況ができれば、相手センターバックを引きつけつつ、よりゴールに直結できる選手にラストパスを出す。自らシュートという選択もある。

監修・撮影協力

 大宮アルディージャジュニア

■協力　大宮アルディージャジュニア
　埼玉県さいたま市をホームタウンとするJリーグ加盟のプロサッカークラブ「大宮アルディージャ」の下部組織である大宮アルディージャジュニア。大宮アルディージャのアカデミーは「ユース」「Jr.ユース」「ジュニア」の3つのカテゴリーで成り立っており、世界で通用する選手、社会でリーダーシップを発揮できる人材を育成することをテーマに活動。近年それぞれのカテゴリーの各種大会でもめざましい活躍が見られている。

■執筆協力　ジュニア監督　金川幸司
　近畿大付属高から阪南大に進み、大宮アルディージャに入団後は、NTT西日本熊本FCを経てパインリバース(オーストラリア)で海外でもプレーする。指導歴は、セレッソ大阪サッカースクールコーチをスタートに各年代のコーチを経験。大宮アルディージャでは、ユースコーチ、育成コーチ、ジュニアコーチ、ジュニア監督などを歴任。

■写真提供　大宮アルディージャ

用語集

あ
アイコンタクト：相手の目を見て視線でパスなど次の行動を伝えること。視線による意思疎通。P46

お
オーバーラップ：ディフェンスがチャンスのときに前線へ移動して、オフェンスに参加すること。P37

か
壁パス：味方へパスを出したボールが、相手から壁にあててはねかえるようにすばやく戻るパス。P58

間接視野：そばにあるボールと遠くのプレーヤーなど、近くのものと遠くのものといった2つ以上のものを同時にとらえ、広くまわりを見ること。P86

き
基準：ものごとのベースや基礎となるもの。P10

け
ケア：関心を持ち、気にかけておくこと。P15

さ
サイドチェンジ：ボールを片側サイドから反対側サイドへ移動すること。P30

す
スキル：練習を通して身についた技能や能力。P23

せ
精度：正確さの程度を表す。P12

126

は

バイタルエリア：中盤（ちゅうばん）とディフェンスラインの間のスペース。ボールが入るとゴールチャンスが生まれやすいエリア。P37

バックライン：ディフェンスが位置する最終ライン。P36

パンチング：ゴールキーパーがボールをキャッチせずに、パンチではじいてゴールを守ること。P85

ふ

フィスティング：ゴールキーパーがボールをキャッチせずに、手のひらを使いはじいてゴールを守ること。P86

ふかん：高いところからものごとを見ること。P15

プルアウェイ：自分をマークしているディフェンダーにいったん近づいてから、空いているスペースにすばやく動いて相手をかわす動き。P48

プロテクト：マークしている相手の動きから自分を守ること。P86

ほ

ポジション表示（4-4-2 例）

FW…フォワード
SH…サイドハーフ
MF…ミッドフィルダー
SB…サイドバック
CB…センターバック
GK…ゴールキーパー

ま

マッチアップ：オフェンスの選手とディフェンスの選手が1対1で対戦すること。両チームのそれぞれのポジションで相対する意味としても使われる。P16

り

リターンパス：パスを出した選手に対して、そのボールを戻すパスのこと。P14

る

ルックアップ：顔をあげて目線を高くすること。P46

10才からのサッカーIQドリル
「考える力」を鍛える50問

2018年10月20日　第1版・第 1 刷発行
2024年11月15日　第1版・第12刷発行

監　修　大宮アルディージャジュニア（おおみやアルディージャジュニア）
発行者　株式会社メイツユニバーサルコンテンツ
　　　　代表　大羽　孝志
　　　　〒102-0093 東京都千代田区平河町一丁目 1-8
印　刷　三松堂株式会社

◎『メイツ出版』は当社の商標です。

●本書の一部、あるいは全部を無断でコピーすることは、法律で認められた場合を除き、
　著作権の侵害となりますので禁止します。
●定価はカバーに表示してあります。
© ギグ ,2018.ISBN978-4-7804-2083-8 C8075 Printed in Japan.

ご意見・ご感想はホームページから承っております。
ウェブサイト https://www.mates-publishing.co.jp/

企画担当：折居かおる　制作担当：清岡香奈